友だちいないと不安だ症候群につける薬

齋藤 孝
Saito Takashi

朝日新聞社

友だちいないと不安だ症候群につける薬——目次

第5章　「友だち力」の獲得は早ければ早いほどよい――195

帯・本文写真　宮崎明子
カバー・本文イラスト　谷山彩子
装幀　坂川事務所

友だちいないと不安だ症候群につける薬

はじめに

今の日本人にとっての最大の問題の一つは、友だち問題だと思います。

これは、いろいろな年齢で問題なのですが、十代、特に中学生にとっては文字通り死活《しかつ》問題で、友だちとうまくいかないと本当に死ぬことまで考えてしまいます。逆に友だち関係がうまくいっていれば、生きていても楽しいし、学校へ行くのも楽しい。ですから、学校の勉強の好き嫌いよりも、友だちがいるかいないかが、学校へ行く理由においても、大きな比重を占めています。その年代では、ふだん生活をしている時の気分の多くは、友だち問題に左右されていると言っても過言ではないでしょう。

特に最近、友だちがいないと、自分がダメな人間なのではないかと思ってしまう傾向が、以前より強くなっていると思います。

例えば、携帯メールでやりとりしている間は安心するけれど、自分が発信したメールの返事が一日返ってこないと、うまくいっていないのではないか、自分は何か変なことをしたのかと、疑心暗鬼《ぎしんあんき》にとらわれてしまいます。以前よりも、友だち関係においての不安感を持つ機会が増えているということです。

昔は、友だちと二、三日話さなかったとしても、すっと元の関係に戻ることができました。しかし、今は一時間二時間の単位で不安が襲《おそ》うという感じで、夜中ずっとメールをチェックしていたり、家へ帰っても友だち間のゆるやかなつながりの中で自分を安心させているようです。

もちろん、それは悪いとばかりは言えないのですが、あまりひどい場合には「友だちいないと不安だ症候群《しょうこうぐん》」と呼びたくなってしまう状況になっていると感じたので、そのような友だち問題を何とかしたいと思ってこの本を書きました。

しかしそれは、「友だちは大切だ」「友だちはいたほうがいい」ということではなく、場合によっては「友だちにそんなに固執《こしつ》しなくても生きていけるんだ」ということ。ほどほどの距離感をうまくとるのが、友だち問題にとっては一番大事なんだということを、子どもたちに伝えたかったのです。

本を書くに当たって、実際の中学生に授業を行い、その反応も含めて十代の子どもたちの現実を本にしてみたかったので、千代田区立一橋《ひとつばし》中学校（現・神田一橋中学校）をお借りして授業をさせてもらいました。その授業の中で、一九八六年に起きた鹿川《しかがわ》君事件を取り上げて、「いじめ」についての授業も行っています。

いじめ問題の根底に横たわっているのは、やはり「友だち問題」です。

友だちがいないと不安だということから、本来は友だちとは言えないような関係でもグループに所属してしまう。そして、その中での役回りがいじめられる役回りである。それなのに抜けることができない。なぜ抜けられないかというと、グループから抜けるとよけいいじめられるだけではなく、そのグループから離れてしまうと自分自身が本当にひとりぼっちになってしまうから。それが不安だということも大きな要因です。

以前、子どもの友だち同士の会話を聞いていた時、ゲームをしていてもからかう調子ではなくて、相手をぞんざいに否定してしまうような会話が飛び交っていて、こんな殺伐《さつばつ》とした会話をするのだとショックを受けたことがありました。友だちとしてつきあっていくためには、こんな会話でもしなければならないものなのかと。

そういう現実に対してどういう解決案があるのかと考えた時に、「友だちがいないと不安だ」という気持ちを、とりあえず取り払ってしまうほうがいいのではないかと思ったのです。友人関係をうまく築く以前に、「いざとなれば別に一人でも大丈夫」という気持ちに一度なったほうがいいだろうと。

そう考えて『そんな友だちなら、いなくたっていいじゃないか！』（「ガツンと一発」シリーズ第3巻、ＰＨＰ研究所）という本を小学生向けに出してみました。そうしたら反響が非常に大きくて、いろいろな小学校で先生が朗読してくれたという話を聞きました。また、その本の中にある「友だちいないと不安だ症候群」という言葉に、多くの子どもたちが反応しました。子どもの心にピンポイントで当たっている言葉なのでしょう。

それで、「自分の中にそういう気持ちってあるな」と気づいてもらうというところからスタートしようと思ったので、今回のタイトルにしてみました。

また、「……につける薬」という意味ですが、今回は「授業」という薬を実際に行ってみました。学校でも道徳の授業はありますが、積極的にいじめをなくす授業とか、友だち問題をきちんとテーマにして、スタンダードの授業を行っている学校は少ないと思います。「友だちいないと不安だ症候群」を考える時、そのキーワードとなる言葉は「友だち力」です。友だち力というのは、うまく友だちとの距離感を保てる力のことですが、友だち力とは具体的にどういうもので、友だち力をつけていくにはどうしたらいいのかということを、この本を通じて、子どもたちに知ってもらいたいと考えたのです。

なぜなら、友だち力は社会的な能力として非常に重要で、特に小学校、中学校、高校は、友だち力が高度に要求される社会だからです。

開放的な大学に比べて小中高の場合にはクラス制があり、そこでうまくいかない場合には、その一年が台無しになってしまいます。場合によっては、三年間がつまらなくなってしまうという深刻な事態を引き起こしかねないのです。そういう意味で高度な友だち力が十代前半に要求されています。

なかでも中学生は、過酷《かこく》な友だち関係、高度な友だち力が要求される状況に放り込まれています。さらにグループ化がひどくなった場合に何を引き起こしてしまうのかということも、鹿川君の事件などでみんなに知ってもらいたいと思います。

友だち問題は、人生を通じて大きな比重を占める問題です。特に十代にとっては、楽しく充実した生活を送るためにもっとも影響を与える問題になっています。

相手によってほどほどの距離感を上手にコントロールできる力という意味で、友だち力がキーワードになってきます。友だち問題に悩む中学生はもちろん、人間関係を豊かにしたい大人まで幅広く読んでいただければと思います。

第1章

「偏愛マップ」で「友だち力」をつける

◆「友だち力」とは何か

「友だち力」というのは、友だち関係の距離を自分でコントロールできる力です。それは友だちを作る力とは少し違う。時には、離れることもよしとします。

「いなくたっていいじゃないか」ということも含めて、友だちとの距離をコントロールできる力ということです。

「友だち何人できるかな」と言って作ろう作ろうとすれば疲れますし、自分の意思に反してグループに入らなければならなくなったり、そのことがきっかけで、第4章で取り上げた鹿川《しかがわ》君事件のように仲間はずれにされ、いじめを受けたことを苦にして自殺してしまうといった悲劇を生むこともあります。

友だちというのは、あまり欲しい欲しいと思うとよくありません。メル友が百人いるとか、二百人いるとか、何人いるか競い合い、それがプレッシャーになっていきます。友だちというのは、そんなふうに数を数えなくてもいいものだし、いない時もあるのだと思えれば、楽な気持ちになれるでしょう。

そういう意味で「友だち力」は「ほどほど」がいい。「ほどほど」というのは「程度に合わせて」という意味で、濃い時には濃いが、薄い時には薄いという意味です。

友だち力というのは、小中学生や高校生だけの話ではなくて、三十代になっても、五十代になっても、七十代になっても必要な力です。

◆友だちになるには好きなものについて語り合う

友だちになるにはどうしたらいいかというと、好きなものを共有するのが一番の近道です。

どちらかが好きなものでもよいのですが、好きなものについて語るという時が、一番楽しい時間だと思うのです。

友だち同士というのは、ほとんどの時間を好きなものについて語り合うことに費やしているはずです。言い替えれば、全く好きなものが重ならない同士が友だちになっているというのは大変難しい。

そういうケースは、ときどききょうだいに見受けられます。好きなものがほとんど一致しないのに、一緒に暮らしている場合があります。これは、きょうだいだから暮らしていけるのであって、友だち同士ではちょっと無理なことです。

人間がどういう時に楽しそうにしているのか、いろいろ研究して試していった結果、自分が好きになっているもの、特に偏《かたよ》って愛しているものについて語っている時に、人は熱くなることがわかりました。

これをもっと合理的なコミュニケーション法にできないかと考えて作ったのが、「偏愛《へんあい》マップ」です。

◆「偏愛マップ」を使ってコミュニケーションをとる

「偏愛マップ」を使ったコミュニケーション法は、友だちになるための有効な手段です。偏って愛しているものを紙に書き留めた「偏愛マップ」をお互いに作り、語り合いながらコミュニケーションをとっていくやり方です。

やり方としては、二人一組になってお互いのマップを交換し、相手の「偏愛マップ」を見ながら話をひたすら盛り上げていく。要は沈黙がないようにすることです。これは、誰と出会っても、会話を盛り上げることができるようになることを目指しています。

このようにして、相手と好きなものについて語り合うことが、人と仲良くなるための一番よい方法でしょう。

ただし、相手の「偏愛マップ」に書いてあるものについて、「こんなもの好きなの？」とか「ダサイ」とかは絶対に言わないこと。否定的な発言は避けて、一つでも自分の好きなものがあったら、それについて語り合うことが大事です。

自分が知らないものが相手のマップに書いてあったら、それについて質問していくのもコミュニケーションのきっかけになります。とにかく、意識的に盛り上げていけば、初対面であっても昔からの友だちのように盛り上がることができます。これが「友だち力」を高めていくきっかけとなります。

こんなふうにすっと話を盛り上げていくことができるようになれば、どんな時でもどんな所へ行っても、全然知らない外国の人とでも友だち関係を作れる、「友だち力」のある人間になれます。

「偏愛マップ」のねらいは、自分から積極的に動いて関係を作ることができるようになるということ。自分の好きな人や、気が合う人と話をするのは簡単ですが、「この人合わないなあ」とか「嫌《いや》だなあ」と思う人とも、瞬間的に友だち関係が作れるようになることを目指しています。

◆好きなものの範囲が広いほどコミュニケーションの可能性が広がる

過日《かじつ》、私は東京都千代田区立一橋中学校でいじめと友だち力の授業を行いました。その時に「偏愛マップ」を使ったコミュニケーション法の授業をしました。

いじめ防止の授業については第4章で述べますが、その時、中学生に自分の好きなものだけを具体的に書いてもらったのが、次の「偏愛マップ」です。

偏愛というのは、偏って愛すると書きますから、偏っている所にその人の個性が出るわけです。

例えば、浜崎あゆみがはやっている時に浜崎あゆみだけが好きというのでは、偏愛というにはちょっと寂《さび》しい。もう少しマニアックな面、自分の好みが色濃く出たものを列挙してマップにしていきます。自分の好きなものをグループに分けて書いてもいいですし、バラバラに連想ゲームのようにつなげていってもいいですし、その書き方は自由です。

実際に、中学生に書いてもらったのを見ると、想像していたよりずっとたくさん書いてくれました。興味の幅もそれなりにある生徒が多かったようです。例えば、作家の森博嗣《ひろし》、

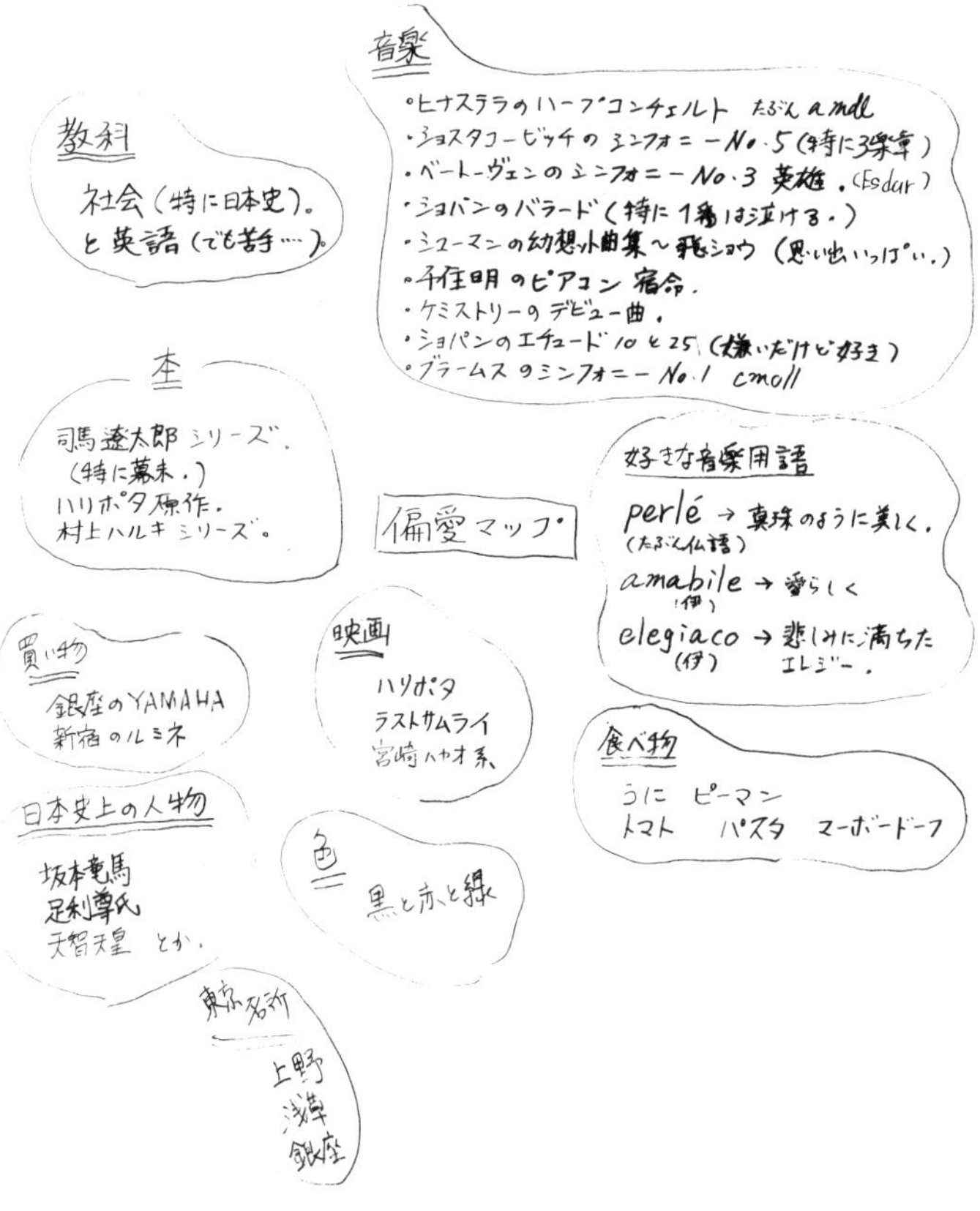

2004年11月12日　一橋中学２年生・女子

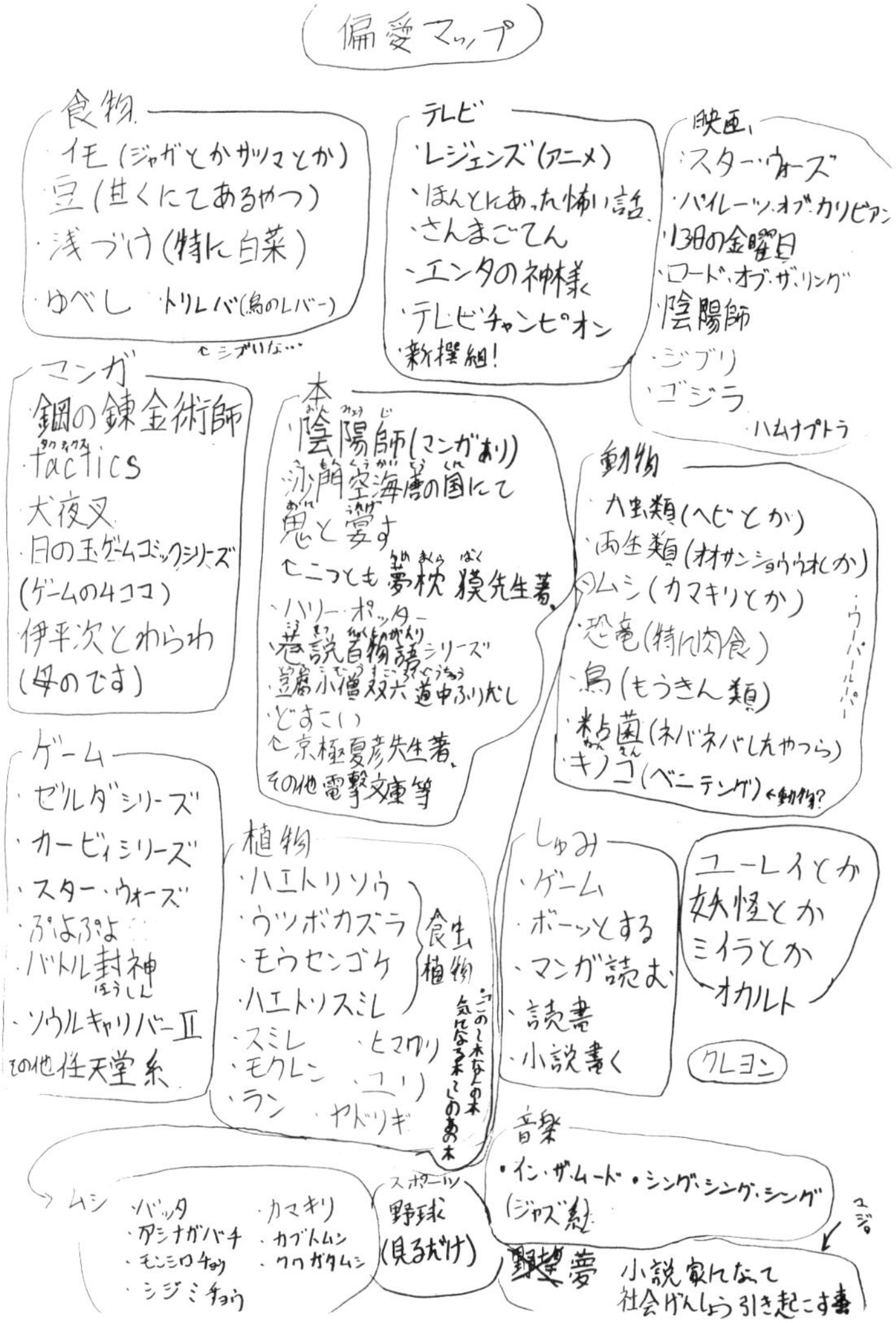

2004年11月12日　一橋中学２年生・男子

＜偏愛マップ＞

ゲーム
アヌビス・ハルトキ（1.2.3）
サモンナイト・九龍妖魔學園紀
トロと休日，トロと流れ星
SRW（α）・クラッシュバンディクー
ペルソナ（特に2，4.3）
メガテン

＜アニメ＋えいが＞旧仮面ライダー
・ダンバイン・ガンダムシリーズ（種をのぞく）
・ハルトキ・（Zとか ZZとかXとか初代）
・旧ザク・ゲルググ・ドム・リックディアス・Z
・マクロス＋《プラス》・ラーゼフォン・こうかくきどうたい
・ラピュタ・ナウシカ・アルジュナ・タイムレンジャー・スタンド・アローン・コンプレックス
・もののけ姫・ウルトラセブン・ジュウレンジャー（古）
・ナージャ・ウルトラマンティガ

作家
・森博嗣
・村上春樹（アフターダーク）
・野坂あきゆき

CD＋曲・V6・ユメモノガタリ
・T.M.R・菅野よう子・志方あきこ
・みわいさん・BOA・アヌビスOP
・天使の絵の具・椿姫・ドヴォルザークの「木星」
・歌曲・歌舞姫町の女王・丸の内サディスティック
・エロティカセブン・Sweet home sweet・恋の罪ことだま

GAP、ユニクロ、ニッセン
（すべてサイズがデカくてシンプル）

・妖幻の画ガ
・ハルトキ・カレカノ・桜木丸部
・ごくせん・コスメのまほう・ファイブスタ
・デスノ・聖闘士星矢
・すごいよ！マサルさん。

色（着るもの）
黒・白・濃い赤・青
灰・紺とか。
石はローズクオーツ・サファイヤ
ピジョンブラッド…ヒスイとか

＜アメ＋おかし＞
・キシリCのどあめ
・かたあげポテト（うすしお）

あざらし（たでごとズキン）

すきなことば（主にぎおん）
やくあり　もにもに
にちにち
まろやか　あじわい
するめ　ぺたぺた
へらり　ひらり
ぎにゃあ　モキュ〜ン
はらぐろ　おうちかえりなさい

声優・大谷育江さん・大川さん
・ナウシカの人・ハマーン様の人
・三木さん・石田さん・古谷さん
・井上さん・坪井さん・保志さん
・神奈さん・中原さん
・森道純さん・関（冨・とし）さん

・ムダちしき
・マキア
・ウィズ
・和風の物
どうでもいいもの
・ネットサーフィン
・ねること
（できることなら24時間で旧をすごしたい）

・ビレッジバンガード・マーサ（店）

・ピーマン・パイナップル・みかん・黄桃

アロマ・ショウ・ユルモ・もげ（べとべと）
たかみっちゃん・ともまささん・ありま・ゆきの・ペロペロ
綾人

2004年11月12日　一橋中学２年生・女子

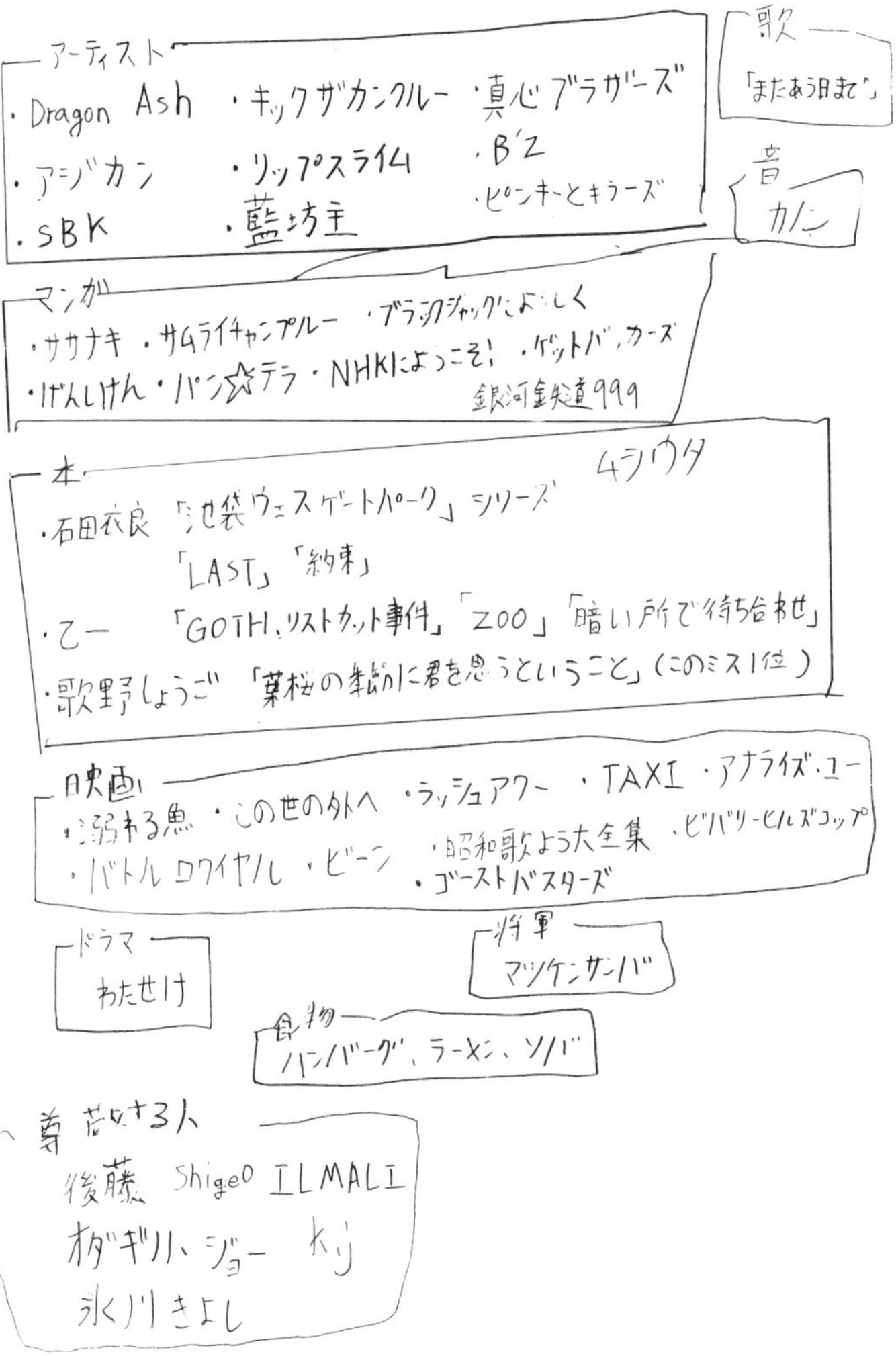

アーティスト
・Dragon Ash ・キックザカンクルー ・真心ブラザーズ
・アジカン ・リップスライム ・B'z
・SBK ・藍坊主 ・ピンキーとキラーズ
歌
「またあう日まで」
音
カノン
マンガ
・ササナキ ・サムライチャンプルー ・ブラックジャックによろしく
・げんしけん ・パン☆テラ ・NHKにようこそ! ・ゲットバッカーズ
銀河鉄道999
本
4シウタ
・石田衣良 「池袋ウェストゲートパーク」シリーズ
「LAST」「約束」
・乙一 「GOTH リストカット事件」「ZOO」「暗い所で待ち合わせ」
・歌野しょうご 「葉桜の季節に君を思うということ」(このミス1位)
映画
・溺れる魚 ・この世の外へ ・ラッシュアワー ・TAXI ・アナライズ・ユー
・バトルロワイヤル ・ビーン ・昭和歌よう大全集 ・ビバリーヒルズコップ
・ゴーストバスターズ
ドラマ
わたせけ
将軍
マツケンサンバ
食物
ハンバーグ、ラーメン、ソバ
尊敬する人
後藤 Shigeo ILMALI
オダギリジョー Kj
氷川きよし

2004年11月12日　一橋中学2年生・男子

村上春樹『アフターダーク』、野坂昭如《あきゆき》などから、GAP、ユニクロなどの好きなブランド、映画、アニメ、ゲーム、テレビドラマ、クラシック音楽などまで、いろいろ幅広く書かれています。

つまり、好きなものの幅が広ければ広いほど、相手とのコミュニケーションの可能性も広がるということなのです。どこかで他の人とひっかかる。何かのテーマで他の人と共通な話題が見つけられるということです。

◆一つでも共感し合うものを見つける

まず「偏愛マップ」で大事なことは、すべてを理解する必要はないということです。相手の世界のすべてを理解する必要はないし、相手の趣味を何もかも共有する必要はありません。何か一つでも共感し合うものがお互いにあると、その友だち関係はかなりうまくいきます。例えば「声優で誰が好き?」と聞いたとします。「○○が好き」「私も大好き」となって盛り上がると、他の面はともかくとして、その人に対して友だち感覚を持てるようになります。自分が偏って愛しているものを共有できると、友だち関係が急激に近づく。

知り合いと友だちの違いというのは微妙なのですが、友だちというのは、お互いに気を許せるということだと思います。

知り合いというのは、お互いに他人行儀なところがあって、きっちり挨拶《あいさつ》しなければいけないし、失礼なことがあってはいけない。しかし、友だち同士というのは、ちょっと夕メロでリラックスしてつきあってもいい。そういうふうに振る舞えるようになると、かなり友だち感覚になります。

その時に、同じものがすごく好きで、それについて語り合った者同士というのは、友だち感覚がぐっと高まります。知り合い感覚と、友だち感覚というのは違うものですから、その区別を乗り越えるのが、「好きなものについて語る」という行為だと思います。

今思い出しますと、私も中学の頃、放課後遊んでから夕方五時頃学校を出るのですが、七時くらいまでずっと友だちと外で立ち話をしたりしていました。友だちとしゃべっていてまっすぐ家には帰れないという経験は、みんな持っていると思います。

学校が終わったから、部活が終わったからといって、そのまま帰らずにどこか店に寄ってしまう。道ばたで話してしまう。立ったまま一時間でも二時間でも話してしまうということが、結構ありました。話している内容というのは、他人のうわさ話もないわけではないですけれど、基本的には好きなものの話をたくさんしていたように思います。例えば、私たちの頃ならば、サイモンとガーファンクルがはやっていれば、彼らの歌についてひたすら話をする。何の曲がよいとか歌詞がどうのとか。

大人になれば、車が好きな者同士が集まって、車について延々と語り合って仲良くなるとか。賭《か》け事とか競馬好き同士が集まって延々と話すとか。サッカー好きはサッカーの話題で、音楽好きは好きな歌やアーティストの話題でひとしきり盛り上がることができます。女性だったら、好きな店とか、ファッション関係とか、ブランドとか、お化粧の仕方とか。お互いに情報交換を含めて大いに盛り上がることができます。

◆好きなものを真ん中に置いた三角形の関係

好きなものが全くない人と話すとなったら、それはもう大変です。なぜなら、相手の人格そのものとつきあわなければならないからです。

人格そのものとつきあうというのは、結構難しく辛《つら》い。

友だちとつきあう時、その友だちの気質とか人格とつきあうものだと、普通思われていますけれど、実はそうではありません。実際には好きなものについて語り合うことによって、人間そのものとつきあわなくてすむというよさが生まれるわけです。

常に何かをはさんで三角形の関係でつきあえるといいのです。

何かについて語らないで、お互いについて語ってしまったとすると、お互いが真正面から向き合ってしまうことになります。向き合ってしまうと、お互いにぼろが出るのも早い。これは恋人同士がやってしまいがちなことです。

けれど、あとにも述べますが、恋人同士でも友だち力に支えられた恋愛関係は長続きします。

映画を見に行くとか、おいしい食事を食べに行くとか、二人の真ん中に何か話題になる好きなものを置くことによって関係をよくしていく。そうすると、いい映画を見て、いいレストランに行くことによって、その相手の男がたとえよくなくてもよく見えてきてしまうのです。

その時見た映画が面白いと、それについて熱く語ってしまいますが、その時見た映画があまりにつまらないと、相手さえもつまらなく見えてきます。そういう映画が好きな男ってどういう男なんだろうかと、その趣味を疑い、人間性さえも疑いたくなってきます。

◆「友だち力」のきっかけは「おしゃべり力」

私たちは、その人が好きなものが何かということによって相手を判断しています。あるいは、お互い同士、本当に向き合わないですむように、好きなものについて語り合うようにしています。

だから、向き合うということが友だち関係の基本ではなくて、これはどっちかと言うと、恋愛関係のほうでしょう。見つめ合ってしまうようなシチュエーションというのは、恋愛関係の場合です。

友だち関係というのは、何かに向かって、斜めにそっちに向いている感じです。相手の顔もすこし見えるのだけど、基本的には何かに向かっているという。

もちろんそれが、同じチームのチームメイトだとか、ブラスバンドのメンバーだとかだったら、同じ目標に向かっていくわけです。

そうでなくて、同じクラスの中で普通におしゃべりしている時でも、何かについてどんどん言葉が出てきて盛り上げることができる人というのは、かなり友だち力があるということです。「おしゃべりの力」というのが、今ではかなり友だち力の中心になっています。

かつて「友情っていうのはなあ……」というふうに熱く語られていた頃には、口べたでもいいからお互いに信じ合うような熱いものがあったのですが、今現在、求められている友だち力というのは、「おしゃべりであること」です。

その「おしゃべり」というのは、何か私たちの好きな話題について、一緒に盛り上がってくれるということ。それが、何よりも友だちらしい友だちであるということです。要するに、好きなものや趣味をわかってくれるということです。

◆偏愛するものが一つしかないのは幅が狭すぎる

偏愛するものが一つだけしかないとなると、非常に人間関係の幅が狭くなります。

大学で「偏愛マップ」を使ったコミュニケーション法の授業をやった時にも、麻雀《マージャン》しか興味がない学生がいて、書いたものが全部が麻雀についてなのです。好きな雀荘《ジャンそう》とか、好きな牌《パイ》とか、好きなやくとか、それでぎっしり埋まっている。もう一人は、熱狂的な格闘技ファンで、格闘技のことしか書いていない。

いわゆるオタクと呼ばれる人たちです。そういう人たちは社会にとっては存在価値があるのですけれど、友だちになりたいかというと微妙です。

今回の中学生の「偏愛マップ」の中にも、ゲームの名前をぎっしり書いてきた子がいました。そうなると、ゲームをやらない人とは話ができなくなってしまいます。これは友だちの幅が狭いと言わざるを得ません。

友だち力というのは、どんな人とも話せるとまでは言いませんが、いろいろな話が出てきた時に、「僕も知ってる」とか「それいいよね」とかコミュニケーションができて、そこで盛り上がることができるかどうかにかかっています。

偏愛するものが、相手と全部重なる必要はありません。ちょっと知っているとか、ちょっといいねと言うだけでも、相手はもっとそれについて語りたいわけですから、「他にいい曲あるの?」などと聞いていけば、どんどん話してくれます。「じゃあ、CD貸してよ」という流れになって友だちになっていくわけです。

◆友だちつくりには質問力が大事

「偏愛マップ」を使ったコミュニケーション法では、「質問力」というものが大変重要です。自分と相手で趣味が一致しなかったとしても、質問力さえあれば盛り上がれます。いい質問をしていけば、相手はどんどん話してくれます。ですから「質問力」というものが、「友だち力」の中ではとても大事な要素なのです。

実はみんな話したいのです。だからちょっと聞いてあげると話し出します。本当は自分の好きなものについて話したいのだけれど、聞かれもしないのに、こちらから話し出すと嫌われるのではないかと思っているのです。上手に質問してくれる人がいると、それをどっと吐《は》き出せます。

好きなものがたまっているのは、水位が上がっていてテンパっている状態です。テンションが高くなっています。とにかく人に話して吐き出したいのです。そこに、質問というクイでカーンと穴を開けてあげると、そこからどーっと水が出てきて、「あー、すっきりした」となります。

「偏愛マップ」でそれを楽しめるということです。

質問をしたおかげで、自分の知らないことを相手がたくさんしゃべってくれるのが楽しいと思えれば、成功です。自分以外に何人いても、いろいろな人にいろいろなクイを打って、いろいろな水を吐き出させることができます。これはなかなか面白いことではないでしょうか。

例えば自分はクラシックは全然知らないし好きじゃないとします。ところが、クラシックの曲名や作曲家の名が「偏愛マップ」にダーっと書いてある女の子がいるとします。そういうシチュエーションでは、「クラシックってどんなふうに面白いの?」とか、「最初に聴くのはどんな曲がいいの?」とか、「どういう順番で聴くとわかる?」とか聞くと、間違いなくしゃべり出します。そうすると、クラシックに全然興味がなかったのに、コミュニケーションを通して結構詳《くわ》しくなれるのではないでしょうか。

これは、実は学問も似たようなところがあって、耳学問みたいなものが意外に重要なのです。もちろん本も読みますけれど、話でこんな感じということを聞いておくと、およそのことがわかってきてしまうのです。そうすると聞き上手になっていって、専門家のところに行っても、いい質問をすることができます。

私も、学者同士で飲み会などに行くと、五十代六十代の、私より年上の男性が多いので、お互いの興味が違っていて趣味の世界では盛り上がれないのですが、どんな話をするかというと、相手の専門領域でとにかく気の利《き》いた質問をするのです。

例えば、「『源氏物語』におけるホモセクシュアルの面はどうですかね」という質問をすると、こちらは聞いただけで何も知らないわけですけれども、向こうは詳しいので説明してくれます。そうすると、「ほー、『源氏物語』でもホモセクシュアルな面はあるんですね」という話でひとしきり盛り上がることができる。

「そういう質問というのは考えてもみなかったけれど、言われてみると面白い質問だね」などと言われます。トルコが専門の方に「トルコの女性というのは何で美人か?」という質問をすると、「歴史的にあの地域はいろいろ混血してるからね」ということから始まって、歴史のうんちくを語り出します。

一つでいいのですが、いい質問がカーンとはまると、ドーッと話してくれるようになります。それが「質問力」の効果です。

◆一往復半の友だち関係

質問力には、一定の法則があります。

例えば、相手の詳しいことを聞く時には、「おすすめベストスリーを言ってみて」と言うと、だいたい一生懸命考えてベストスリーを言ってくれます。

「だいたいどういうものか、あらすじを言ってみて」とか、「どれから買えばいい？」とか、あるいは「どこに行けばそれが手に入る？」とか具体的なことを聞くといいのです。

そういう具体的な情報を聞くように持っていくと、話が盛り上がるだけでなく、別れたあとに、教えてもらった本やCDを買いに行って読んだり聴いたりできます。後日、「あれ聴いてみたよ」などと言えば、相手は自分のすすめたものを聴いてくれたり読んでくれたとなって、やはり嬉《うれ》しいものです。そこで、友だち関係が一つ成立します。

このように循環《じゅんかん》する法則があるわけです。

相手におすすめを聞く。相手がおすすめを言う。実際にすすめられたことを自分でやってみる。それを相手に報告する。これで完成です。報告するところまでやれば循環するわけです。行って帰ってまた戻ってという、「一往復半の関係」です。

そうすると、ちょうどいい友だち関係が成立します。

◆友だちをつくるための資本投下

何がいいかすすめてくれと相手に言った時に、ほとんどの人がそれにこたえてくれます。

好きなものですから、気持ちよく教えてくれます。

例えば「最初はどのCDがいい？」と聞いた時「○○だね」とすすめてくれたら、後日「あれ聴いてみたよ」と言うと、相手は悪い気はしません。その時、「つまらなかった」と言わないように。どんなにつまらなくても、「ああ面白かったよ」と言うことです。かならずしも正直は美徳ではありませんから。

全部正直に言ったからよいというものでもありません。私にも、経験があります。何かすすめてくれと言うからある本をすすめたら、つまらなかったと言われてがっかりしたことがあります。

つまらなかったとしても、「ここはよかったね」と言うのが友だち力のある人です。つまらない中にも、自分が興味を持ったところを探して、そこを拡大して伝えればいいのです。

すすめたほうも、相手に「あの小説のあのギャグが面白かったね」と言われたら、今度はそういう傾向のものを紹介すればいいのです。

そうしているうちに、相手の好みの傾向がわかってきて、より友だち関係が深くなっていきます。こうしたやりとりは、友だち関係を作るための資本投下というものです。

「時間とエネルギー」は私たちの持っている資本ですが、それを投下して友だち関係を豊かにしていく。それは当然の努力です。

これは男女関係ではよくあることですが、相手の好きなことが自分にとってはそんなに面白くないし興味がなくても、「それ、面白いねえ」とか、「最高！」とか言いながらつきあっている場合があります。

つまり、相手に寄り添っていくというか、相手の世界に一度入ってみるということです。

◆相手がエネルギーをかけているところを見抜く

今回の「偏愛マップ」授業での子どもの感想文にも、「上手に聞くと話してくれるので、良かった」とありました。

質問力の他に「コメント力」というものも大事です。これらの大事なポイントは、相手がエネルギーをかけているところに関して、コメントしたり聞いたりするということです。

相手がどっちでもよいと思っていることでは、盛り上がらないのです。

何でこれ好きなのって聞くと、エネルギーをかけてその趣味とか世界を作っている場合には語りたくなります。

ですから、質問力のポイントは、相手のエネルギーがかかっているところはどこかを見抜くということです。

◆好きなものの情報の貸し借りは友だち関係を濃くする

「偏愛マップ」を見ていると、その人のセンスとか人間的なレベルがわかります。今回はそれと同時に、中学生にしては驚くほどの幅の広さを感じます。

映画や音楽でも私の知らないものも多いし、動物好きがいたり、サッカー好きがいたり。「偏愛マップ」を書くことと自体を楽しんでいるようにも見えます。書くことによって自分の好みを整理できるし、書くことによって自分の世界がもっともっと広がっていくのです。

「趣味が違いすぎて、内容が九割わからなかった。だけどそれによって自分と大きく違う人の意見もわかって面白かった」と書いている。

九割わからない人と語り合えるというのも素晴らしいことです。

それもまたよい経験になります。

ですから、友だち力の基本というのは、相手が「偏愛マップ」を持っていない場合でも、相手がどんな「偏愛マップ」なのかというのを感じ取りながら話をするということです。

実際、「偏愛マップ」を持って歩く人は普通はいませんから。

しかし、会った時に天気の話ばかりしているのではつまらない。お天気は世間話としては必要ですが、お天気の話をしても何の進展もないし、友だちにはなれません。でも、最近見た映画でここがツボだというところを「見た見た」などと言うと、見た者同士はそこで友だちになれるのです。

無難なところでは、宮崎駿《はやお》の最近の映画「ハウルの動く城」を見たかと聞くと、「見た見た」と言ってひとしきり盛り上がることができます。「デイ・アフター・トゥモロー」を見たと言っては盛り上がります。だいたい、三人に一人は見ているような作品については、その話でひとしきり盛り上がることができます。

お金の貸し借りは友だち関係を壊《こわ》しますけれど、自分の好きなものに関する情報の貸し借りは、友だち関係を濃くします。

◆知り合いから友だちへ

好きな曲をダビングしてあげたり、文庫本を貸してあげたりというのが友だちです。そうするようになると、知り合いというよりは、友だちになります。

「好きなものを共有した」ということが、知り合いから友だちの関係に変わるポイントなのです。

例えば、仕事でちょっと知り合って名刺交換した人は知り合いに過ぎませんが、その人と別なところで会って、一緒にパチンコをやって盛り上がったとか、一度麻雀をやったりすると、友だち関係になります。麻雀を好きなもの同士というのは、結構結びつきが強いものです。

また、一緒に釣りに行ったり、一緒に飲みに行ったりすると友だちになります。釣りが好きな同士とか、酒が好きな同士というのも、仲良くなるのが早いものです。女性に多いのは、甘いもの好き同士が一緒においしいケーキ屋に行くと、友だちになります。

そう考えてみると、友だち関係というのは好きなものをめぐって支えられている関係なのだということがわかります。

その中でも「友情」となると、一つのあこがれを共有している場合に生じます。何かに向かって一緒に頑張《がんば》ろうというような目標を共有していたり、こういう人間になろうとか、こういうことを目指そうとか。そういうあこがれを共有するようになると、「友情」が生まれます。これはお互いに活性化し合う、向上心を持った関係ですが、お互いの努力も必要。

こういう友情を生むような関係性というのは、『スラムダンク』のような漫画の中にもあるし、実際に運動部とかブラスバンド部などにも見られます。

◆ともに高め合う気持ちと緊張感のある関係

お互いにあこがれを共有するような友だち関係を理解するということは大変重要なことです。これがわかっていれば、八十歳をすぎてからでも友情は続いていきます。

学生時代からの友だちで、いつも一緒にいるわけではなくて距離は離れているのだけれど、心のどこかでつながっている関係。片方が頑張っていると思うと、もう片方も頑張れる。片方がよい作品を出すと、それを見て刺激されて、負けるものかと、さらによい作品を作ってみたくなる。あるいは片方が病気になった時には、手紙を送ったり、何か手伝いに行ったりもする。そういう関係が、本当の「友情」に裏打ちされた友だち関係というものです。

ともに高め合う気持ちを持った、緊張感のある、しかし優しさもある関係というのが「友情」を持った友だち関係です。これは文化なので、学習しないとできるようにならないのです。

どうやって学習するかというと、そういうものが描かれている漫画や小説などを読むといいでしょう。

また、今、友情を描いて人気がある、あさのあつこさんの『バッテリー』という子ども向けの本や、『スラムダンク』のような漫画を読むと、「ああ、こういうのが友情というものだ」ということを学ぶことができます。

そして、「ああいう友だち関係をできれば作りたい」、というあこがれを持つようになれるのです。

◆「偏愛マップ」は自分のワールド

「偏愛マップ」に戻りますと、「偏愛マップ」の目的というのは、一つは自分のワールドを意識するということです。

「誰々ワールド」とよく言いますが、ワールドという言葉は、ものの考え方を指すというよりは、その人が好きなもの全体がワールドだと思います。

その人のワールドは、その人自身の内側にあるものではなく、外に広がっているものです。その人の好きなものが何かということでワールドがわかるのです。

「偏愛マップ」によるコミュニケーションでは、ワールドとワールドをつき合わせるわけですが、それは個人対個人の対決ではないのです。

「偏愛マップ」に書かれているものは全部、自分が作り出したものではありません。自分の好きなものですが、自分にとっては外にあるものを書くわけで、「偏愛マップ」に書かれて初めてそれらが出会うということになるわけです。

例えば、クラシックの好きな子だと、ショスタコービッチの「シンフォニー№5」、べートーベンの「シンフォニーNo.3」、ショパンのバラード、シューマンの「幻想小曲集」などが書かれていました。好きなものがいろいろ詳しく書かれていると、「ああ、この人は一つのワールドを持っているなあ」と思うわけです。

このように、相手が「偏愛マップ」を見た時に、この人は自分の世界を持っているなと思わせることが大事です。

みんなと好みを共有できるようなものばかりではなくて、他の人が好きにならないようなものがいくつか入っていると、刺激的でもあります。他の人がインスパイアされるからです。

同じつきあいをするならば、自分の知らない世界を持っている人と友だちづきあいがしてみたいと思うのではないでしょうか。

◆友だち力に支えられた恋愛関係は長続きする

私は「偏愛マップ合コン」というのを企画してやってみました。これをやると、誰とつきあったらうまくいくかが一目瞭然《りょうぜん》になります。

実は恋愛といえども、「話をする」という行為がそのほとんどなので、話が合わないとあとあと困ることになりかねません。結婚したあとに何の趣味も合わないということに気づいたら、とても苦しいわけです。

ところが、合コンの時に「偏愛マップ」を名刺代わりに見せ合いますと、この人の「偏愛マップ」の中には自分の知らないものが書いてあるけれども、これについて一層知ってみたいというふうにそそられることがあります。そうすると、もう少し深くつきあってみたいという興味が湧《わ》くことにもなります。

相手の「世界」に興味を持つということが、人への興味の持ち方としてまっとうな好奇心の持ち方です。

今の若い人はつきあいのサイクルが短くて、三か月ごとにつきあう相手がどんどん変わっていったりするようです。

男女が合うか合わないかは、性格の良し悪しというよりは相性やフィーリングですが、それ以外に、「自分の世界」があってお互いの世界に興味が持てると、少しつきあう時間が長くなります。というのは、恋愛という関係の中に、ちゃんと友だち関係が入り込めるからです。

恋愛というのは、もっと野性的な直感――相手の遺伝子が欲しいというくらいな野性的な直感で選ぶわけですから、相手がどんな世界を自分の世界として作り上げてきたかということだけではありません。

でも、友だちの場合は、ワールド同士が出会ってつきあうわけなので、友だち的な要素があるカップルというのは、わりと長続きするのです。好きなものを共有している恋人関係は、友だち力みたいなものに支えられているということになります。

◆「偏愛マップ」で楽しくコミュニケーション

中学生に「偏愛マップ」の授業をした時の基本的な印象は、大変楽しそうにコミュニケーションをとって盛り上がっていたということです。

「偏愛マップ」の授業をやっていると、なぜか笑いが起きます。この「笑いながら」というのが大事なのではないでしょうか。

「お互いに笑いながら趣味を公表することにより、その人について思っていたイメージをいったんこわし、新しく再構築《こうちく》することができたので、これからの人づきあいにどんどん活《い》かすことができると思った」という感想もあります。また、「つきあい辛いと思っていた人たちとも、積極的に交流を深めたい」と書いた人もいます。

このように、つきあい辛いと思っていた人とも話せるという自信が、「偏愛マップ」によって生まれるということが、一番重要なことです。

「クラスメイトの知られざる一面を見て、自分のそれもさらけ出すことにより、より他の友だちとの関係も深まった気がする」と書いています。

「この人とは話題がないなあ」とか「ああ、この人と二人きりになったら辛いだろうな」と思う人とでも、偏愛マップを見ながら話すと、なぜか会話ができてくるのです。

「たくさんの発見によって、自分というものが見えてくるということを今初めて知った」というふうに、感想文に「自分が見えてきた」と書いた人がたくさんいました。

「しゃべる人としゃべらない人というふうに、普段《ふだん》は境界線ができてしまうのだけれど、その境界線を越えて自分から話しかけてみることの大切さを知ることができた」

「沈黙が続かないようにしてくれたのが嬉しかった」

「変わっているなあ、でも、そんな考え方もあるんだなあと感心しました」等々。

みんな、きちんと分析しています。

「今までの授業の中で一番楽しかった」というのもありました。

「同じ趣味を持った人とは楽しく話せました」とか、最初は気まずくて話せない子もいて、盛り上がらないこともあったのだけれど、「社会に出ればこんなこともたくさんあるだろう」と書いています。

重要なのは、「偏愛マップ」の技術を持っていると、仕事上でのつきあいであっても、友だち感覚に入れるというよさがあります。

◆名刺の裏に「偏愛マップ」を刷る

話をした瞬間に友だち感覚に入れるという、豊かな「友だち力」を持った人が結構いるものです。

話をしている相手が何が好きなのかを直感的につかんで、まず話題を二、三個ふります。そうすると、例えば「冬のソナタ」の話題で盛り上がったり、ワールドカップの話題で盛り上がることができます。そのように、その人ごとに話題を変えて振ってみて、反応がよかったらそれを話していくという方法です。そこで友だち的感覚が生まれて、仕事上も大変うまくいきます。

そういう関係を作る手助けとなるのが「偏愛マップ」です。私は名刺の裏に「偏愛マップ」を刷ったバージョンを持っています。偏愛マップの縮小版を名刺の裏に刷っておくと、話は間違いなく盛り上がります。

子どもたちの感想文にも「『偏愛マップ』があったから話せた」というのが、いくつかありました。

その他、「クラス替えの時など、一人一枚『偏愛マップ』を書けばすぐにうち解けられると思う」とか、「他のクラスの人と話せて楽しかった、『偏愛マップ』があると自然に会話が出てくる」という感想もありました。

「偏愛マップ」があれば、自分の知らないことについても話題を振れるし、そうすると、相手は自分の知っていることだし、話すこと自体楽しいのでたくさん話してくれます。こちらは、それにのっていけばいいのです。

「偏愛マップ」があれば、自分と違うものに対してタフになっていく可能性が開けるということです。

◆自分の世界をきちんと持っていることが大事

また「自分について知ることができた」という感想も多くありました。

最近の人は、ふだんからあまり自分のことを書くチャンスがないのかもしれません。友だちというものが、常に自分の時間に入り込んできていて、意外に自分と向き合う時間が少なくなってきているのかもしれません。

寝る前に日記を書いてしみじみ自分と向き合うというよりは、メールでお互いに話をしているうちにそのまま眠ってしまう。それはそれで楽しいことなのですが、私が考えている友だち力というのは他の人と自分との関係を適度にコントロールできる力なので、自分というものを持っていたほうがコントロールしやすいのです。いざとなれば、自分に頼ることができるくらいに。

自分を持っていない人というのは、友だちがいなくなる不安感から、そんなによい関係ではないのに、どうしてもその関係にしがみつきたがるという傾向があります。それは同性同士でも異性関係でもあります。

自分の世界をちゃんと持っていれば、今つきあっている友だちとの距離がちょっと遠くなってしまっても、「まあいいか」と思えたりします。友だちなのに嫌なことを言ってきたりする人がいて、それがしつこくなってきた場合、それでもつきあうのかというと、そこはうまく離れていけばいいわけです。

自分の戻るべき世界を持っていることによって、コントロールを利かすことができるようになります。

つまり、友だちとの距離感は、自分の世界を持っているかどうかということに大きく関わっているということです。

第2章　子どもから大人までに必要な「友だち力」

◆現代人が求めている友だち関係とは

「友情」というものがちゃんと成立するには、タイミングが必要です。

小学生時代はついにそういう関係はなかったとか、中学三年間通して一度も友情と言えるものがなかったということもあり得るのです。

でも、それは誰が悪いわけではなくて、相性がよくなかったとか、あるいは自分自身にそういう高め合うような友だち関係を維持していくメンタリティー、心のあり方がまだ備わっていなかったということなのです。

その友情というのが、一つの友だち関係の中の非常に「向上心にあふれた部分」だとすると、現在の世の中では、もう少し「ゆるい友だち関係」というのも必要ではないでしょうか。

一人親友がいて、友だちはその人だけというとちょっと幅が狭いと言えます。今の人が求めているのは「浅く広い関係性」です。メル友くらいの感じです。

メル友が百人、二百人いる人はざらにいるようですが、やはり現代は携帯電話によって人間関係が大きく変化していて、一人でいる時間でも、友だちとゆるやかにつながっている感覚を持ち得るのです。

勉強していたり音楽を聴いている時に、常に携帯が側にあり、携帯なしではトイレにも行けない。それは、携帯がなかった世代からすると携帯に依存しているように見えますが、でもこの時代に生きていくには、携帯なしでは辛《つら》いのです。

なぜかというと、夜遅くの電話のように相手に迷惑をかけずに、簡単に意思を伝えられるというのは、非常に便利なことです。「今、○○をテレビでやっているから見ろよ」というような、昔ならばかばかしくて電話では言えないことでも、メールならば気楽に言えるし、常に人とつながっている感覚が持てるのです。

そういう意味では、昔よりも「友だち力」というものが維持しやすい条件は整っていると言えるでしょう。

◆広く浅いゆるやかな友だち関係

友だちを維持しやすい条件は整っているのですが、逆に、メールが来ないと不安になったりします。メール依存症に近いものです。

友だちとつながっていない状況、連絡が来ない状況が三日も続くと、不安で頭がおかしくなりそうになるのです。

かつて私は、友だちが全くいないという時期がありました。とても仲の良い友だちはいたのだけれど、一週間誰とも会わないとか、ほとんど話をしなかったという状況が、十代の終わりにはあったのです。そういう時期を過ごした経験からすると、二、三日誰からも連絡がないと心配になるということはなかったと思います。

最近の人は、ふだんからゆるやかなセイフティーネットのようなものを、携帯のネットワークで張っているようです。これは、心を安定させるには、それなりに有効な手段だろうと思います。

お互いに好きなものがあると、「あれ見た」とか、「あれ食べた」とか、「あそこに行った」というような話題をメールして、コミュニケーションをとっていく。

こういうゆるやかなつきあいをしていくのも、一つの友だち力と言えます。また、こういうつきあいが苦手《にがて》で、たくさんの友だちとはつきあえない人もいます。でも数は少ないけれど話せる人はいるし、それで満足できるという人は、これはこれで「友だち力」があるということになります。

◆お互いに自分の世界を広げていける友だち関係

一番よい友だちというのは、お互いに話しながら自分の世界を広げていける友だちです。第4章で述べる鹿川《しかがわ》君事件の例などでは、友だちが誰もいなくなってしまう怖《こわ》さから、自分が本当はよいと思っていないグループに入ってしまい、他の人からはグループの一員だと見られるようになる。本人は抜けたいと思いながらも抜け出せず、そのグループの中でもいじめの標的《ひょうてき》になっていったことから悲劇が起こるのです。

本当に孤独になりきってしまうと、それはそれで辛いということもあるかもしれないけれど、友だちがいないと不安だという不安症候群《しょうこうぐん》みたいなものにはまってしまうと、弱い立場になります。

私は以前、『そんな友だちなら、いなくたっていいじゃないか!』という本を小学生向けに出しました。そうしたら、大人が読んで、よかったという反応がたくさん返ってきました。

ある女性の障害者の方からいただいた手紙には、こんなふうに書いてありました。

自分も障害を持っているので、今までどうしても友だちが少なかったのです。それで、友だちが欲しくて、ある女性とつきあっていました。その人は実は自分が友だちとして好きじゃない人なのだけど、他に友だちがいなくなるのが怖いのでつきあっていたのです。先生の本を読んで、そのことがよくわかり、そういう友だちならばいなくてもよいのかなと思った時に、すごく気持ちが楽になって、無理につきあうのを止めるようにしました。それで今はむしろ落ち着いています、と。

これは大人の女性の方ですが、こういうことは、年齢がある程度いってもあることなのです。

例えば、六十代七十代の方でも、サークルなどの狭いつきあいの中で、誰かと誰かの距離が遠くなったとか、近くなったとかで不安になることもあります。

ですから、不安で心が揺らがないためにも、自分の心が戻るべきホームグラウンドみたいなものをしっかりと持っておくことが重要になってきます。

◆孤独のエネルギーを自分を深める方向に活かす

自分の世界をどうやって持てばいいのかというと、自分の好きなものをしっかりと自分の周りに配置しておくことです。そうすると、友だちがいなくなっても、ベートーベンをひたすら聴いていれば、心は安定しますし、一人で盛り上がれます。あるいは、友だちがいなくなっても、村上春樹を読み続けていれば、その世界に浸ることで満足感を持つことができます。

そういう自分の心のやり場を求めていくうちに、その時初めて、深くレベルの高いものと関わることができるのです。逆に言えば、友だちがいなくなった時がチャンスです。日常的に意識が流れていってしまわずに、その意識がぎゅっと凝縮《ぎようしゆく》していきます。そうした孤独のエネルギーによって、勉強したり、あるものを深めたりすることができるのです。

◆「四面楚歌力」が人を強くする

ですから、たいがい一流の人というのは、孤独な時期というのを持っているのです。その時生まれるのが「四面楚歌力《しめんそかりよく》」。

周りが全部自分の敵であるような気がする時があります。「誰もいないんだ、俺《おれ》には」と感じる時があります。その時がチャンスです。

そうなれる僕、そうなれる私、そう考えると強くなれます。その時に状況をポジティブにとらえられると、「四面楚歌力」がつくのです。

四面楚歌の状況というのは、実は何かを集中して学ぶのにはよいことなのです。文学にせよ音楽にせよ、本格的に学ぼうとすると、実は自分自身の世界にグーッと入り込んでいかないとできません。青年期のある時期は、むしろそうした孤独の力を持っているほうが世界が深まってきます。そこで培《つちか》った一つの世界が自分の原点になったりします。

私も友だちがいない時にジャズばかり聴いていた時期があります。そうすると、その時に聴いたジャズというのは一生忘れないでしょう。

そういう経験があると、大人になってからちょっと孤独に浸りたい時にジャズを聴くと、また当時の「四面楚歌力」がよみがえってきます。誰にも相手にされてなかっただけなのかもしれないけれど、「四面楚歌力」としてポジティブに捉え、まさにここにおいて自らが「自分は自分だ」という自己肯定をするのです。他の人に支えてもらわなくても大丈夫だという自信です。

◆自分の世界を深くしておくことが精神を安定させるポイント

友だちに存在を認めてもらわなければ安心していられないとなると、ちょっと辛くなってきます。常にそうやって認めてくれる友だちを配置しておかなければならないことになります。

それはなかなか難しくて、友だち同士の関係の距離感というのもありますから、誰かと友だちになるということは、誰かと離れることを意味したりすることもあります。

これは大人になるとあまりないのですが、中学生くらいだと、グループというものがあって、グループを抜けて違うグループに入るとか、そういう狭さとか制約があります。むしろ自分の世界を持っている人が、そういう人間関係に参ってしまって、ばかばかしくなってしまうケースもあります。

常にグループで行動して、一緒にトイレに行って、いつも同じような話をしている。そういう雰囲気の中で、自分の「偏愛《へんあい》マップ」的ワールドを培おうとすると、かえって友だちと距離ができてしまうということもあると思います。

でも、これは「四面楚歌力」として肯定的にとらえ、ある時期には自分の世界を深くしておくことも必要だと考えることが、生きる上においては決定的に重要なのです。

それが、自分の精神を生涯《しょうがい》安定させるためのポイントです。好きなものがあって、好きなものからとても深い満足を得ることができるようになると、そんなに多くの友だちはいらないということに気づきます。

友だちはいても楽しいけれど、いなくても大丈夫。

いてもいなくても大丈夫だし、一人でも大丈夫。

いればそれはそれで楽しい、というふうに捉えることです。

例えば、研究者などは研究室にずっとこもっていてあまり友だちづきあいをしなくても、満足が得られます。でも、そういう人も私は、友だち力があると思います。それは、ある意味で友だちとの距離感がわかっているから。自分は友だちとははるか遠くにいることで安定するということがわかっているのです。

そういう人は、自分の研究世界に没頭することで精神の安定を得ているわけです。

◆友だちごとにそれぞれの距離感を作る

前にも述べましたが、友だち力というのは、それぞれに適した度合いの「ほどほどの距離感」を、その相手ごとに作ることができる力です。

それは一定にほどほどという意味ではなくて、この人とはこのくらいの距離感、この人とは年に一回のつきあい、この人とはたまに映画を見に行くだけとか。そのように、いろいろな関係があります。

もう会わなくなって二十年くらいたつのに年賀状のやりとりだけはずっと続いている関係もあるでしょう。それも、ほどほどのつきあいというもので、もう会おうという気持ちにさえお互いにならないのだけれど、非常に薄いところで安定しているのです。

それもまた友だちです。知り合いではなくて、やはり友だちです。

どちらかが年賀状を出すと、返事が必ず返ってくる。そういう薄い関係でも、返事を出し続ける人は友だち力があります。ただつきあいで返事を出す人はまあまあ友だち力がある。つきあわずに返事を出さない人は友だち力がないということになります。

◆「誘う力」も友だち力の一つ

自分のほうから積極的に誘う人がいます。どこかに遊びに行かないかとか、映画を見に行かないかとか、電話をかけたり、手紙をよこしたり、まめに誘う人がいます。そういう人というのは、基本的なところで友だち力がある人だと思います。

それとは反対に、本人が今ちょっと魅力的だから友だちが寄ってきているだけで、自分からは全然誘わない人もいます。こちらには友だち力がありません。そういう人には、自分の魅力が落ちた時に、気がつくと周りに誰もいないという寂《さび》しい末路があります。

ですから、友だちを何かに「誘う力」というのは、歴然たる友だち力だと思うのです。

友だち力というのは、友だちが何人いるかでははかれません。自分が積極的に友だち作りをしているかどうかです。

その人がおしゃべりがとてもうまくて楽しい人だとか、スポーツが上手だとかで、友だちが寄ってくることはもちろんありますが、そういうことではなくて、自分から友だち関係を作っていく、あるいは維持していく努力を、何かしているかということです。

そういうふうに考えると、友だち関係というのは、常に何かしていないと遠くなっていく。

恋人同士だったら、そのことにすぐ気づきます。「あ、彼と遠くなったなあ」と直感します。ところが、友だち同士だと、ちょっとそれが鈍《にぶ》くなってしまう。遠くなって初めて「ああ、いつもあいつのほうが誘ってくれてたんだなあ」ということに気づくこともあります。

あまり目立たないので気づかないかもしれませんが、誘うという友だち力が、他の人の精神を安定させていることがわかります。

よほどうっとうしい場合は別ですが、誘われるとやはり嬉《うれ》しい。休みの日など、誰からも誘いがかからないと何となく寂しくて、家でボーっと寝ていたりします。「俺はいいよ」なんて言っていても、誘いがかかると、「行く行く」って喜んだりします。

ですから、誘ってくれる人が必要なわけです。

逆に、誘う人はちょっと勇気がいります。それは、断られて傷つくかもしれないから。

断られて嫌《いや》な思いをするくらいなら、誘うのやめようかと思うのが、普通の人間です。ところが、友だち力のある人は、そういうことで断られても何も感じません。別にそれはそれで忙しいのだろうと解釈します。それは、大人の感性です。だから誘えるということは大人なのです。

つきあってくれないこともあるだろうし、自分のことをとことん嫌いでなくても断ることはあるんだなあと。まあ、嫌いだと言われればそれまでだけれど。そのくらいの大人の割り切りを持って誘うのが「誘う力」ということです。

◆合わない人もいるんだという認識が大事

嫌いだと言われたからといって、ストーカーのようにしつこくせまる人は友だち力がない人です。嫌われているのに気づかないとか、何度断られても懲《こ》りないとか。

そういう意味で、ストーカーというのは距離感がない。

ストーカーというのは、相手に気づかれないように自分はものすごく接近しています。相手が想定している距離感は大変遠いのに、そのことをストーカーは知ろうともしない。そして、自分のほうは非常に近く考えていて、何でも知りたくて、今日何をしていたのかも知っている。

その「距離感のずれ」が激しいのが、ストーカーの特徴です。

相手からするとかなり距離があるということは、相手は自分に関心がないということなのに、こちらからは接近してしまう。たとえ向こうが自分を好いていないことがわかっても、あきらめが悪い。こちらが好きでも、合わない関係もあるんだということを認めようとしないのです。

実はこの「合わない人もいるんだ」というのは大切な認識で、そういう認識を子どもの頃から持ったほうがいい。

私が以前出した『そんな友だちなら、いなくたっていいじゃないか！』という本は、小学生向けの本として出したのですが、「自分と合わない人もいる」ということも語っています。世の中にはとてもたくさんの人がいるから、合わない人にはこだわる必要はいっさいないということを子どもに伝えています。

特に、恋愛では、自分のことをどうしても好きになってくれそうにない人に時間をかけている暇《ひま》はないのです。相手がそうではないのに、自分だけが好きというのを、純愛とは言いません。

あまりに見込みがない恋愛にかけてしまう人というのは、結構います。片思いで一人でじとーっと考えているぶんには、自己愛が強いということで、それはそれでいいと思うのですが、嫌なことをされたりして完全に嫌われているのに、つきあおうとするのは全く無《む》駄《だ》なことです。

◆今も昔も「縁」が大事

大切なキーワードは「縁」です。「縁」という言葉が恋愛関係にも友だち関係にも大変重要です。

お見合いを断る時にも「ご縁がなかったということで」というふうに使います。「縁」というのは前世の因縁《いんねん》という意味の仏教用語です。

これは日本人の生活の知恵でして、前の世で「縁」があったので今こうして仲が良いのだと言うこともできるし、前の世で「縁」がなかったので断りますと言うと、好き嫌いを言わずに済むので、お見合いの時などでも角《かど》が立たずにすむのです。

「あなたのこのあたりがどうしても気に入らなくて」とか、「顔のこのあたりが気に入らないから失礼します」とは言えないので、「ちょっとご縁がなかったから」と言うほうが、融通《ゆうずう》が利《き》くでしょう。

私は、教師ですけれども、教師でも生徒との相性というのもやはりあると思うのです。その場合には、もちろん一通りのことは全員に対して平等で誠実に対処しますけれど、

「縁」がないっていうこともあると、その学生はまた縁のある先生と出会えばいいと、それくらいに気楽に考えることが人間関係にとっては重要なのです。

◆その時だけのそのことだけの友だち

大人同士の友だち力というのは、友だち関係を、自分にとても都合よく考えるというものだと思います。向こうがたいして友だちと思っていなくても、こちらが友だちと思っていればそれでいいという面もなくはありません。

全生活でわかり合える友だちというのが親友だと思うのですが、そういう友だちではなくて、この局面とか、この領域とか、この季節とか、それぞれその時だけの友だちというのもあります。故郷に帰った時だけの友だちとか、何かをする時だけの友だちとか。一緒にどこかへ行く時にはこの人と行くとか。

そういう関係の友だちというのは意外にあります。

例えば、私の知り合いで、地中海のワインを飲み歩くツアーというのに行った人がいます。ワイン教室が東京にあって、そこへ行くとワイン好きがいてワインの話でひたすら盛り上がります。その時点までは、普通の知り合いだったのだけれど、ワインツアーに行こうということになって、四、五人集まって行くことにしたわけです。

こういう関係は、ある意味で友だちの正しいあり方と言えます。ひたすらワインでつながっていて、旅の目的もちゃんとあります。

また、考古学ファンというのも、友だちになりやすいようです。遺跡を一緒に掘りに行って、寝泊まりもするので、それで本当に友だちになったという安心感が生まれます。考古学のうんちくを語っていると、喫茶店で語るだけでも楽しい。

あるいは、歴史ファンとか、『源氏物語』ファンとか、シュタイナーのファンとか、いろいろなファンがいますが、今はインターネットの世界で、そういう趣味を同じくする人が集まって友だち空間を作っていることが多いと思います。

◆友だちをあちこちに振り分け複線化しておく

ただ、インターネットでつながっていても、匿名《とくめい》で顔が見えない人と友だち関係を作るのは難しいのではないでしょうか。それはちょっと無理があります。あの空間は『電車男』くらいにみんなが気が合っていれば雰囲気は盛り上がりますけれど、それでは、相互に友だちとは言えません。「友だち」というのは、ちゃんと対面して顔を見たことがあって、その人のいろいろな面を受け入れている関係だと思います。

大人の場合、そのきっかけは○○講座や○○教室などに行くことかもしれません。例えば、翻訳教室に行くと、そこには翻訳に興味がある人しかいないわけですから、翻訳の話をひたすらして盛り上がるとか、料理教室では料理の話をして盛り上がるとか、その場その場で同じ趣味や目的を共有している同士が顔を合わせて語り合うことができます。

友だちを機能分化させてあちこちに振り分けていると、何かあってもいっぺんに友だちを失うこともないでしょう。複線化しておくことによって、保険をかけておくようなものです。友だちが誰もいなくなってしまうのは寂しいことですから、それも一つの方法でしょう。

中学生の場合は、友だちをあちこちに作っておく場所が特にないので、自分のクラスしか自分のいる場所がないということになります。ですから、そのクラスで仲間はずれにされると、逃げ場所がなくなって悲劇が生まれるのです。

ときどき頭のよい子がいて、昔のクラスの仲間のところに行って、そこにいる古い友だちと話をして、友だち関係を保ったりしています。あるいは、次のクラス替えを待つということになります。

そう考えると大人のほうが、様々な友だちの作り方があり、あちこちに友だちを振り分けて複線化しておくことができます。

◆子育てしている自分とそうではない自分

女性の場合、子育てで余裕のない時期があります。

当人の意識の問題もあると思うのですが、子どもを持っている人というのは、子どもを中心にしか考えられなくなってしまいがちです。子どもを持っている自分しかなくて、同級生の友だちでも、子供を生んでいない友だちとはもう話が合わないと思ってしまう。

でもそれは、実は自分のほうが変わったということなのです。

ですから「やはり子供を生んでいない人にはわからないわ」というのではなくて、いろいろな自分を持たなければいけません。

子どもを育てている大変な自分と、それと関係のない独身時代からの自分と、両方がいるわけです。独身時代からの自分のほうで友だちとつきあう分には問題ないのですけれど、全部を子育てに一面化してしまうことによって、友だち同士の幅というのが狭くなって、結局は、本来気の合わないお母さん同士でつきあわなければならなくなってしまう。

それは、自分を追い込んでしまうことにもなるので、自分を複線化することが必要でしょう。

◆子どもをフォローする親同士の難しい関係

そうは言っても女性の場合には、子育てのために好きでもない人とつきあわなくてはいけないというケースもあります。これでは結構ストレスがたまってしまう。

例えば、幼稚園での親同士の人間関係というのはいろいろ面倒くさいことがあります。ただ普通に通わせればいいだけではなくて、幼稚園がお昼頃に終わったあと、誰かの家に行って子どもたちを遊ばせるというのが日常的になっている。そして、遊ばせる家を巡《じゅん》回《かい》させるのです。

回り持ちになっていますから、さすがに今日は自分の家に呼ばなければならないとなると、それこそかなりのプレッシャーがかかる。子どもだけ来るのだと面倒が見きれないので、それぞれのお母さんまでついてきてしまうわけです。いい大人のお母さん同士が、毎日、各々の家を巡回して回るとなると、もうこれは、いつ地雷《じらい》を踏むのかというような危険をはらんだものです。極端な話、親同士のつきあいができないと、幼稚園もやめなければならなかったりするのです。

どうして親のつきあいをしなくてはならないのかというと、つきあわないと情報も入って来なくなるし、親同士が仲が良いと子ども同士も仲良くなりますので、親がきっちりつきあわないと幼稚園に行った時に、子どもが仲間からはじかれてしまうこともあります。子どもというのは、大変冷酷《れいこく》なところがあるので、すぐはじいてしまう。それをフォローするには、やはり親同士が仲良くすることになります。

親同士が仲が良いと子ども同士もはじかないので、どうしても親同士がつきあわなくてはなりません。ですから、公園デビューどころか、各々の家を巡回してつきあわなければならない。これでは気が遠くなります。

そもそも親同士は友だちでも何でもないわけですから、たまたま幼稚園で一緒になっただけで、気も合わなければ何も共通点がない。その上自慢《じまん》話など聞かされたりしたら、たまったものではありません。そういうことが積み重なって、「ここまで子どものために、自分の人生をめちゃくちゃにされなければならないのか」と思ってしまう親もいるのです。

これは、本来、子どもが勝手に作るべき子どもの友だちの世界を、親がフォローしてしまうことから起こる悲劇ではないでしょうか。私から見れば、これはやりすぎです。

昔の幼稚園というのは、親同士が会うことも稀《まれ》でしたし、子どもが勝手に行って勝手に帰ってくるわけです。子どもの社会の中での「友だち力」にまかせていたのです。そこに親が入ってきて、人間関係のグループ化を、むしろ親がしてしまっているということでしょう。そのことによって今、親にも負担がかかっているのです。

子どもを野球チームやサッカークラブに入れて、その役員になってしまったりすると、自分の友だちでもないお母さんたちと、二時間も三時間も話さなければならなくなります。そういうのが嫌で、クラブに通わせなくなることもあります。親のほうがもう限界になるのです。このような過酷《かこく》な例が、家庭でも職場でも、男女問わずあります。

そういう中でも、この人とは友だちになれるという人が、一人か二人見つけられると、だいぶ気持ちが楽になってきます。飲み会に誘われて、他に誰が来るのかと聞いた時に、一人か二人、自分が大丈夫な人がいれば、じゃあ行こうかという気持ちになります。

ですから、自分は人づきあいが苦手だとか、あまり考えないようにすることです。むしろ、誰ならばつきあえる、誰ならばダメというように区分けして考えていくことです。

◆一つのパーティーで一人と仲良くなる

私はパーティーに呼ばれることが多いのですが、実は、あまり好きではありません。年末年始や、新学期、新しい集団に入ったりすると、忘年会だの新年会だの歓迎会だのと飲み会がたくさんあって疲れてしまいます。

特に、パーティーに自分一人で行った場合には、周りが知らない人ばかりで寂しい思いをします。こちらから話しかけるのも面倒くさいので、主催者に挨拶《あいさつ》したら、おいしい料理を少しいただいて、さあ帰るかみたいな感じです。

ところが、ある人からアドバイスを受けてからは見方が変わりました。そのアドバイスというのは、「一つのパーティーごとに一人の人と仲良くなる」という目標を立てるというものでした。

これはよいアイディアだと思います。自分の周りの三十～四十人もの人たちみんなと話さなければならないと思うから疲れるのです。

「一つのパーティーで一人だけ知り合いになることを目標にすると楽になるよ」と言われたら、それから楽になりました。この会では、この人と知り合いになって帰ろうと目標を立てて、それが実現できれば、行っただけのことはあります。

よくないのは、五人くらいのグループで行った場合、五人だけで話して帰ってきてしまう。これでは行った意味がありません。

日本人はたいがい同じグループでかたまって座ってしまったりします。慣れた人と話すほうが楽かもしれませんが、その五人とはいつも会っているわけですから、わざわざパーティーに行ったなら、かたまらないほうがよい。

そういう場合には一度散って、それぞれ別な人と話して仲良くなるのがいいでしょう。一パーティー一人、一会合一人という原則を作って、隣り合わせになった人と仲良くなればそれで充分と思って、その場は楽しく語り合えばいいのです。そしてまた他であった時には、挨拶するくらいの関係になれば上出来と考えればいいのです。

そうすれば、パーティーも辛くなくなります。

一人と話すくらいは何とかなるものですから、ぜひやってみてください。

◆「紹介力」は高度な友だち力

もう一つ、友だち力の中で高度なものは「紹介力」です。

パーティーなどでぽつんと孤独でいると、人を紹介してくれる人というのがいますが、あれは助かります。

新しい人間関係を作ろうとする時は、最初のきっかけが面倒くさいのです。全然知らない同士だと、ちょっと存在は意識し合っているけれども、なかなか挨拶を交わすことができなかったりします。そういう時に、両方を知っている人が紹介してくれると、それがきっかけで話すようになります。

一方、人を紹介しないというルールのパーティーもあります。そこでは相互の友だち力に期待するわけです。紹介なしと銘打《めいう》っているパーティーには、だいたい友だち力のある人たちが集まっています。しかし普通のパーティーでは、友だち力がある人とない人とが交じっているわけですから、人に人を紹介できる力というのは、その場に必要とされる友だち力です。

一人で寂しそうにご飯を食べている人がいると、「ちょっと紹介しますね」と言って、自分の知り合い同士を引き合わせて、うまく話させます。そういう気の利いた人がいるのです。そういう人は「紹介力」という高度な友だち力を持っていて、友だち力に関する豊かな感性がある人です。

友だち力があるかないかということと、その人間がいいか悪いかは関係ありません。すごくいい人でも、友だちを作るのが苦手な人はいます。友だち力にちょっと欠けているけれども人間は悪くないという人です。

そういう人に対して、上手に人を紹介する「紹介力」が、友だち力の中では大事なものです。

◆ほめ言葉を伝える力

あと、友だち力の中には、「間接的にほめる」というのがあります。「○○が君のことをこう言っていたよ」と間接的にほめる配慮です。

自分がほめるのではなくて、「誰かがこうほめていたよ」、というふうに本当にほめていた言葉をうまく伝えていけばいい。嘘《うそ》はまずいですけれど。

そうすると何がよいかというと、その人をほめる言葉やポジティブな評価を言った人と、言われた人との間をつなぐことになります。

自分と相手の関係もよくなるのだけれど、自分以外の二人の関係に友だちのラインを作ることができる。こういう力も、紹介力と同じように、もう一段高度な友だち力です。

「ほめ言葉を伝える力」ということです。

これは、心がけると、そういうチャンスが結構あるんじゃないでしょうか。

その結果、知らない人同士が好意を持って、うまい関係にすべり出すようになる。

逆に、悪口を伝えてくる人もいます。嫌な情報を耳に入れて「誰かがこう言っていたけれど、そんなことはないよね」などと言う人がいます。そういうのが癖《くせ》になっている人がいますが、友だち力のない人です。

◆友だち同士を仲良くさせる力

誰かと誰かを引き合わせるというと、お見合い好きのおばさんみたいですけれど、そういう力は時には必要です。

そういう世話好きな感じは、最近の日本にはなくなってきているかもしれませんが、私の周りには結構います。自分に得があるわけでもないのに、あんたとあんたはきっと気が合うから会いなさい、とお節介を焼くのが好きな人がたくさんいます。

でも、合コンの幹事をやらせると抜群《ばつぐん》にうまいのに、ぜんぜん彼氏ができないという学生もいます。見ていると切なくなってきますが、そういう人はとても評価できます。

自分は幹事で手一杯だけれど、集まった他の友だち同士は勝手にうまくやっている。それは、他の人を友だち同士にさせる友だち力として評価できるということです。

◆場を作る力

また私は、「場を作る力」というのを評価しています。

私の授業で一番重視しているのは、授業を受けた者同士が、その後、一緒に読書会をするような仲になるということで、それを目標にしています。

私の授業やゼミの感想で一番多いのは、この授業でいい友だちが見つかった、というものです。

私は授業中に、基本的にはグループをたくさん作っては壊《こわ》し、また作り替えるということをする。その中で、一度同じグループになっていろいろな話をして盛り上がると、気が合う同士一緒にご飯を食べに行ったり、一緒に本を読もうかということになっていきます。

そういうふうに、「いい友だちができること」を授業の派生的な効果としてではなくて、授業の主な目的の一つに私の場合はしているのです。

ですから、何度もグループ分けをしたりして、友だちになれるような授業の組み方をするわけです。その結果、「場」というものがあると友だちになれるということがわかってくる。

このような「友だちになりやすい空間」の提供というのをビジネスにしたら、大いに儲《もう》かるのではないかと思います。「自己啓発セミナー」などは、それに近いと思いますが。その場で、お互いに自分をさらけ出すことで一体感を得て、友だちになっていくということです。

そのような、友だちを作るという目的だけの会合というのが、あってもいいのではないでしょうか。

◆グルーピングゲームの効果

何かを勉強する会、という名目で集まるのもいいでしょう。

大学によっては、あるいは講義の種類によっては、先生一人が二百人に対して講義をしていて、その二百人同士は全く会話の機会がないということもあります。

私の場合だったら、二百人の教室でも、四人一組で五十組くらいのグループを作って授業をやりますから、その四人はかなり深く知り合えることになります。そのように、相互に関係ができるわけですが、どのくらいの関係の線ができるかということを見通す力というものも大事です。

要するに、自分との関係だけではなくて、相互にどのくらいの線が何本引かれているかということが、その場を盛り上げる。例えば、パーティーに百人参加していても、友だち関係の線がたいして多くない場合もあります。しかし、その数が多くなっていって盛り上がると、よいパーティーになります。

そうなるためには、何か課題を持って臨むとうまくいきます。

パーティーを作る手法として、課題でなくてゲームでもよいのですが、グループ同士競い合うようにすると妙に燃えます。例えば、子ども同士の場合ならば、リレーをやらせると妙に燃える。リレーの順番を決めるだけでも大騒ぎします。勝ったにせよ負けたにせよ、そのグループの誰と走ったのかは強烈に覚えていて忘れません。ですから、勝ち負けよりも、そのゲームを通じて知り合いになったということのほうが大事なのです。

それで、私は子どもたちにグルーピングゲームをよくやらせます。「○人集まってグループを作れ」というゲームです。

「男女合わせて五人のグループ」と言って集まったあと、次に「男女四人」集まれというと、五人のうち一人抜けなければならないわけです。その時、積極的に一人になれる子がいないと、グループができないわけです。一人で抜けるという独立心のある子どもが多くないと、グループが早くできあがりません。

集まったら、またバラバラにして、また集める。一度離れていたもの同士が相互に見つけ合って再び集まったりする。そしてチームとして何かを一緒にやっていくと、一体感が生まれるようになります。

◆「もてなしの力」

一体感が生まれるようなゲームなどを仕組むのが上手な人がいます。そういうマネージメント能力のある人、ホスピタリティー、言い替えると「もてなしの力」がある人が重要になってきます。自分がエンターテイナーである必要はないのですから。

何かを仕組んでいくことで、相互に仲良くなっていく。これはホームパーティーなどでは、よくあることだと思います。

自分がホストあるいはホステスとして、相互にみんなが楽しく過ごせる空間を作っていくのです。

この能力というのは、自分が友だちを作る能力とは次元の違う能力で、また異なったレベルの「大人の友だち力」です。みんなが相互に友だちを作れるようにする能力です。これを意識して動いている人というのは、なかなかの大人です。これは、アメリカとか欧米ではかなり重要な能力になっています。

先日、日本マイクロソフト元社長の成毛《なるけ》眞《まこと》さんが主催する、自分の友だちを集めて相互に知り合いにする会というのがあって、そこに呼ばれていった時「大人の友だち力」を実感しました。

自分と関わりのある人を集めて、パーティーを開くのですが、自分の関係で集めるのだけれども、自分とその人が話すわけではありません。そこに集まった人同士が勝手に仲良くなり、新しい友だち関係ができるような場を作るために開きます。

とても人間好きで、友だち思いの方だと思います。自分以外のところで友人同士が仲良くなって、いろいろな関係ができていくのが嬉しいというのは、相当な「大人の友だち力」がある方です。

もちろん自分も、その場で友だちを作れるのだけれど、そこに集まった人同士が線でつながっていくことを楽しみとしている。そういう場を運営できるというのは、よほど奇特《きとく》な方です。

なぜなら、日程を決めて連絡をとるだけでも大変な労力を必要とするのに、場所の予約から、出欠とり、名札まで作るとなると、簡単にはできません。そうした誠意の結果、みんなが出会って、その中から仕事の上でもいろいろな関係が生まれていくのです。

笑顔の花が咲いて、新しいビジネスが生まれていくことがとても楽しいと思えるというのは、かなり成熟した感性だと思います。それと比べると、クラスの中で行き詰まって悩んでいる中学生というのは、かわいそうなほどに世間が狭く、友だち力もありません。

友だち力というのも、成熟してくると上手になってくる面があります。しかし、年齢がいくと減ってくるということもあります。ある時期、仕事ばかりに打ち込んでしまうと、友だちが減ることもあります。ですから、自分の中の精神のバランスをとるためにも、自分の生活空間の中で友だち関係を散らしておいて、どこどこに行くとちょっと話せる人がいるようにしておく。話のできるような行きつけの店を作っておくといいでしょう。

これは息を抜く道になります。

◆ひとりの時間を楽しめる力

繰り返しになりますが、友だちを無理して作る必要はないということ。友だちがなくて孤独な力を発揮する時期があってもよいということです。

孤独というのは、言葉が強すぎてあまりよい言葉ではないのですが、「ひとりでいる」ということです。ひとりでいるということ自体は、悪いことでも何でもありません。ひとりの時間を楽しめるようになるというのは大事なことです。子どもでも、ひとりでしか遊べないのは問題ですが、小さい頃からちゃんとひとり遊びができるというのは大事なことなのです。また、中学高校、大人になっていく過程でも、ひとりでいる時間というのは、必ずしも孤独感を伴うものではありません。

そんなに寂しさを感じないで、ひとりでいる時が快適に思えることもあります。孤独の時間というものを、もっと積極的に意義あるものにするべきです。

寂しいという気持ちを徹底して強めていくことで仕事へ向かうエネルギーに転換するとか、勉強するエネルギーに変えていくとか、そういう「孤独力」みたいなものに持っていければいいのです。

ただし、ひとりでいる時に充分楽しめる「何か」を持っているということが必要になります。その「何か」をあらかじめ作っておかないと、ひとりになった時に、やはり寂しくなってしまいます。

私の場合は、座禅や、ヨガや、ストレッチングをやっていて、これはひとりの時間を延々つぶせるよい方法でした。ヨガを習って、ひとりで呼吸法のポーズをとっていると、人がいるとやりにくくて、じゃまになってくるのです。ですから、これはひとりの時間にやるのがふさわしいのです。

このように、ひとりの時間には自分の身体とつきあうというのが、とてもよい方法でしょう。ストレッチング一つとっても、結構時間をかけて楽しめる方法があって、音楽をかけながらでもいいですので、ひとりで自分の身体とつきあうというのもなかなかいいのではないでしょうか。

ひとりの時間を楽しむ方法としては、読書や音楽や絵を描くことなども、一般的な方法としてあります。

◆孤独と閉じることとは違う

ひとりの時間と言っても、自分の部屋にこもって妙に落ち着いてしまって、いわゆる引きこもりに近い状態になってしまうと危険です。

ネットを通じてなら人と話せるのだけれど、現実の人間と対面するという状況に適応できなくなってしまう。そうなると、もう家から踏み出せなくなって、外は怖いということになりますので、こういう状況は避けたい。

ひとりでも大丈夫というのはよいのですが、他の人との対面はダメということになってしまうと、ちょっと危険です。他の人の持っている世界に対する好奇心がなくなるのは、よくないことです。自分の殻《から》の中に入って、自分の世界を閉じた状態が固まってきてしまうと、いよいよ人とは話せなくなってきてしまう。これがあまり進むと、犯罪に一歩近づくという怖さもある。ですから、これもほどほどがいいのです。

極端な孤独の状態に入る場合には、修行だと思ってやったほうがよいのです。修行だと思って勉強しているうちは大丈夫。

女同士もグループ化が激しいので、かえって孤独のほうが楽な場合もあります。ひとりでいるというのは、慣れてみると快適だったりすることもあります。

◆人生の季節ごとの友だち力

人生にも季節があって、それぞれの時期の友だちというのがあります。熱い友情を語ることもあれば、仕事上のつきあいで何となく友だちでいることもある。

かなり年が離れていても、二十歳くらい年下でも、友だちっぽくなってしまう人もいます。そういう友だちが、ちょうど心地よい年齢みたいなものがあります。

友だち力というのは、友だちを作る力ではないのです。無理して作らなくてもいいということも含めて、友だちとの距離感をコントロールできるということです。距離感が大事というニュアンスです。

友だちとの距離感を意識して、自分でコントロールできていれば大丈夫なのです。ところが、「仲間はずれにされちゃった」というように、されちゃった感が強すぎるのは、自分でコントロールできていない状態です。

気持ちを軽く持って、ほどほどの友だち力をつけていきたいものです。

第3章

「友だちいないと不安だ」の処方箋

◆中学生は友だちとの距離感が変化していく時期

先ほど述べたように、中学校のクラス内の友だち関係というのはよいとは言えないケースが多くて、クラスの中から、あるいはグループから逃れようもない人生ゲームみたいなところがあります。

まるで小さな箱庭の中で人間関係ゲームみたいなことをやっているようなものです。一人にもなりたいけれど、友だちも欲しいという多感でややこしい時期に、小学生の時のようにみんなで遊んで楽しく過ごすというのではなくグループ化しやすい時期に、一つのクラスというものが逃《のが》れられない社会を作ってしまっている。

高校生になるとまた雰囲気が違って、いじめによる自殺というのは少なくなります。中学生のほうが深刻になるぶん、自殺も多くなります。中学生の時期は、ちょうど友だち関係の距離感が変化していく時期だからなのです。

それは小学生の頃の距離感ではなく、もうちょっと自分の趣味を共有できる友だち関係にしたい時期です。小学生の頃は、趣味といっても、みんなでポケモン好きだとか、ゲームの遊戯王が好きだとか、サッカーが好きだと言って、まだ群れている状態です。

そこから徐々にセクト化していき、中学になると、あるものが好きなグループと、別なものが好きなグループと、また勉強が好きなグループというふうに、いくつかのグループに分かれる。また、行動パターンも分かれてきます。その辺から、どのグループに属すかという問題が起こり、他の人との距離感がつかみにくくなっていきます。

そのように、人間関係が複雑になっていった時に、一人だけでも話す友だちがいると安心感が違うのです。たとえクラス替えがあって別れ別れになっても、たまに会って何か好きなものや趣味についてちょっと話すような友だちがいると、そこで一本つながっていけます。

◆みんなが一本の線でつなぎ合える力

第4章の授業でとり上げた鹿川《しかがわ》君事件の場合には、好きなものについて友だちとちょっと話すという一本の線すらもなくなって、彼は自殺してしまったのです。

好きなものについて語り合い、笑い合うだけでも、その子の命をつなぎ止めておく力になり得るのだということです。何も「生きろ」と言わなくても、好きなものについて電話で話し合えるとか、そのくらいのことでも、人は死ぬのを思いとどまるものなのです。ですから、誰とでも一本の線でつなぎ合えるという能力を、みんながある程度持っていれば、お互いにセイフティーネットを張って生きていけるわけです。

こういう一つの指標になるポイントがあります。

例えば、グループから嫌われている人がいます。そのように周りからちょっと孤立している人と、自分は仲良くできるという人は「友だち力」があります。

私は大学の一、二年生の時、クラスで完璧に浮いていました。それで、一人心が沈んでいました。そういう、友だちがあまりいない状態が続いていたのですが、その時でも友だち四、五人とスキーに行ったりもしているのです。

あんなに一人沈んでいたのに、なぜ私がスキーに行けたのかというと、それは私に唯一話す友だちがいて、その人が誘ってくれたわけです。その人は、あまり友だちがいない人間とも話せるタイプだったのです。

そういう友だち力がある人と一本の線でつながっていたので、おかげで今でも同窓会に呼んでもらえます。私はその友だちしかよく知りません。他の人のことはかすんでよく覚えていないのだけれど、その人を頼りに同窓会に行くと、他の人とも楽しめるのです。

そういうセイフティーネットを、その人なりに作るのがポイントでしょう。

みんな一つのところにばかり糸を出すのではなくて、蜘蛛《くも》があちこちに巣を張るような感じで、誰とはこの好きなものについて一本結びついていて、誰とはあの好きなものについて話す、というふうに結びついていけるのです。そういう蜘蛛の巣を持っていると、クラスで四十人いるとすると、四十個の蜘蛛の巣が糸をはるわけですから、そうするとかなり落ちても大丈夫。誰かと話ができるでしょう。

あの人とは○○の話をしていると盛り上がるね、というのがいくつかあればいいのです。

◆お互いの人生の時期がクロスし離れる

私も、中学の頃を思い出してみると、全く生涯《しょうがい》関わることがないような男の子がいて、あらゆる面で合わないのだけれど、「燃えよドラゴン」の話をすると、その子がやたら燃えて、「アチョーッ」って言ってジャンプしてくれる。跳《と》び蹴《げ》りして見せてくれるのです。それが楽しくて、会うと「アチョーッ」と言って二人で盛り上がっていました。でも、ついにそれだけの関係だったのですが。

そういうことは、よくあることです。

人生を語るでもなく、その後つきあうこともないのだけれど、あの時期に「アチョーッ」だけでつながっていた関係。あんなくだらない遊びでつながっているだけで、それ以外に話もしないし、その後も一度も会わない。でもその時代には、お互いにそれがセイフティーネットになっていたということなのでしょう。

一生友だちでなくてもよいのだということ。

友だちというのは、その時に好きなものについて話せばいいんだということ。

友だちというのは、時期のものだという感じがします。

「親友」とかいうと重いけれども、そうではなくて、「今考えると、あの三年間はずっとあいつと飲んでいたなあ」とか、「何を話したか思い出せないけれど一緒にいたなあ」という関係がいいのです。

そのように、お互いの人生の時期というのがクロスすることがあって、また離れていくということもある。そしてまた久しぶりに会って、それから頻繁《ひんぱん》に会うようになるということもあります。クロスして離れ、またクロスして離れるというのも、友だち力の中にはあります。

ですから、一定の距離感をずっと保つというのは無理で、ある時は毎日一緒にいたけれど、ある時には離れて三年くらい会わないというのも自然な形なのです。

◆同性がいい時期と異性がいい時期

人生の時期によって、同性がいい時期と異性がいい時期があるように思います。

笠原嘉《よみし》さんは『青年期』（中公新書）で、「同年齢の同性関係が友情の基本」になるということを述べています。

小学校高学年から中学校の時期には、同性の友だちと密接につきあいます。恋愛関係よりも先に、そこで友情という形で濃い人間関係を学んで、それから恋愛にいくというような理論があります。

そういうふうに、同性のほうがいい時期というのがあって、私も、大学時代にはずっと男の友だちと一緒にいた時期がありました。同じ街に住んで夜中に会い、朝も喫茶店で会って、また夜中の十二時頃待ち合わせて夜通しやっている喫茶店で三時間くらい勉強してからちょっと酒を飲んで帰ったり、一緒に銭湯《せんとう》に行ったり、という生活をしていました。

そういう時期もあれば、孤独な時期もあり、極端に違う生活をしていたように思います。

人とつきあいたい時期と、ひとりになりたい時期があっても、決しておかしくないと思えれば大丈夫なのです。そういう時期なのだ、というふうに思えればリラックスできます。

また、軟派《なんぱ》になる時期と硬派《こうは》になる時期もあります。二つの時期を分けている人が私の友だちにいて、この三年間くらいはものすごく硬派で修行系の生活をしているのだけれど、その前の三年間はひたすら軟派系でもう女の子のことしか考えないような感じで、軟派と硬派を三年ごとに入れ替える生活をしているのです。

また、開いている時期と閉じている時期を、時期としてイメージすると、それなりにその時期を楽しむことができます。

私自身人づきあいをあまりしなかった時期もあれば、社会的につきあいが広がった時期もありますから、あまりある局面だけを見てあれこれ言わないほうがいいのです。もっと長いスパンでとらえるほうがいいでしょう。

異性とつきあうほうがいい時期というのもあって、それは必ずしも恋愛関係ということではありません。恋愛関係にまでいかなくても、話をすると満足できるというのが異性の「友だち」だと思います。そういう異性の友だちを作れるようになると、かなり精神的には楽になるでしょう。

異性と見ると常に恋愛関係というふうに、オール・オア・ナッシングの考え方になってしまうと、少々狭くなります。異性の友だちと会って話して、いろいろ情報交換して、ああ面白かったというようになると、同性と話すよりもさらに自分のアンテナが広くなっていく。

そういう勘をにぶらせないために、トレーニングの場として若い女の子と話すという人もいます。それでどうこうなるというのではなくて、会話のセンスとか、新しい情報などに触れる場としているのです。

◆元カレというセイフティーネット

友だちは恋愛と違って、別れてももう会わないというわけではありません。

でも、今の時代は、恋愛関係が終わっても、元カレとか元カノとかとつきあうことが平気になっています。

本当の恋愛真っ最中の相手とは重いけれども、一応恋愛が終わった人間同士ならば、お互いに見せ合った上で「じゃあ友だちでね」というような関係になれるのです。

最近の若い女性を見ていると、元カレが周りにたくさんいて、それがセイフティーネットになっているような便利な関係があるようです。嫌《いや》なことがあった時に誰に相談するかといったら、だいたい元カレに相談します。今のカレには相談できないのは、「だって愚《ぐ》痴《ち》を言ったら嫌われちゃうから」というわけです。昔だったら切れてそれっきりだったのが、人間同士の関係が保存されているのです。

ここでは友だちと恋愛関係をあまり分けていないのですが、恋愛といっても、友だち関係がうまくいった男女が恋愛関係に入るというのは自然だと思います。友だち感覚のない恋愛というのもあり得ますけれど、その場合は結婚して夫婦になった時に大変辛《つら》いこともあると思います。

元カレ、元カノという形で人間関係を作っておくと、非常に友だちになりやすいのです。距離を完全に切断することを途中で止めておいて中間距離を置いておく。そしてお互いに便利な時に呼び出す。嫌なことがあったら聞いてもらったりします。かと言って、もう一度恋愛の熱い状態に戻ることはない。

こういう話を聞くと、私は、日本人はずいぶん心が広くなったと思います。成熟した恋愛関係です。成熟したという意味は、恋愛関係でもっとも問題になるのは嫉妬《しっと》心ですが、その嫉妬心というのを、ある意味で乗り越えているということです。

元カノは新しいカレとつきあっているけれど、でもそれは気にならない。昔の自分の女が他の男と、というふうに無駄《むだ》な嫉妬のエネルギーを燃やさない。成熟したとも言えますが、ちょっと淡泊《たんぱく》になりすぎたという感じもします。

でも、これはこれでセイフティーネットの一つの作り方でもあるのだということです。

恋人がいない状態というのは不安で寂《さび》しい。でも、元カレが三、四人いると、とても安心できます。いつでも会えるし、しかも負担は少ない。新しい彼とつきあっても別にいいわけですし。嫉妬されない上に保険がかかっているという、ナイスな関係です。

私たちの時代は今と違って、恋人と別れるというのは、とてつもないエネルギーがいることで、双方がかなり痛手を受けたり、様々なダメージを受けて遺恨《いこん》を残して別れたものです。それに比べると、今は遺恨があまりなく、淡泊になっているのでしょう。

昔のように、汗みどろ血みどろみたいな濃い友情関係が遠くなったのと同じように、恋愛でもそうなったようです。それだけに、逆に「冬ソナ」のような純愛ものがはやって、いつまでも一人の人を愛することにあこがれるのでしょう。

今は、つきあう期間も短くなり、三か月ごとに相手を変えているという話もあります。昔は一回つきあったら結構長く続いたのです。人間関係が器用でない人が多かったことと、やはり別れるのが怖《こわ》いということもありました。

そういう意味では、今の日本の若者の男女関係は自由になったと思います。人間としての成熟はそんなにないけれども、男女関係においては非常に柔軟な態度をとれるようになったと言えるでしょう。

◆女性的な感覚の男性が話しやすい

第1章の「偏愛《へんあい》マップ」の例の一つに入るかもしれませんが、犬を飼っている同士というのは、犬の話題だけで相当話がもちます。

子どものいる同士だと子どものことで盛り上がりますが、片方に子どもがいて片方に子どもがいないと盛り上がりません。でも犬を飼っていると、犬の話題で盛り上がることができます。

そうすると、仕事の話よりも先に犬の話題を挨拶《あいさつ》がわりにして、それから仕事の話に入る。そうすると、仕事上の感情の行き違いというのがほとんどなくなるといいます。実に簡単なことです。犬を飼っている人のほうが、よほど生活の幅が広いということがわかります。

ですから、犬に匹敵《ひってき》するものを見つければ話を盛り上げることができます。男の人ならゴルフがその一つかもしれません。そのように共有できる趣味を新しく生活に取り入れるだけで、友だち感覚になるための話題が作れます。

男性が、女の人に化粧や肌のケア関係の情報を聞くと、詳《くわ》しく教えてくれます。そういう話を通じて、恋愛関係でなく、友だち感覚みたいなのができていきます。最近は、男性としての魅力ではなく、女性的な感覚を持った男性のほうが話しやすいという女性が増えたのではないでしょうか。

男性側から見ると、自分の中の女性的なものを上手に育てると、女性の友だちというのはできやすいと思います。それが、異性の友だち作りの一つのコツです。

◆女性は男のワールドを有効利用して世界を広げている

みんな本質的には、自分の世界を広げてくれるような人とつきあいたいと思っているわけです。でも、女性の場合と男性の場合では、違っているようです。

女性の場合は男性とつきあったあと何が残るかというと、その男性のワールドをちゃんと自分のワールドの中に組み込んでから別れて、あとは未練《みれん》を残さないというのが普通です。

元カレがA、B、Cと三人いたとして、それぞれが違う趣味を持っていると、その女性は全部の趣味に詳しくなれる。あの人とつきあったおかげで音楽に詳しくなったとか、あの人とつきあったおかげで学問に詳しくなったとか、いろいろな効用があります。女性はそうやってどんどん成熟していき、人生を楽しめるようになっていく。そうして体得した趣味などが後半生に生きてきて、四十代五十代以降でも充実した生活を送れるわけです。

ところが、男性はどうして六十代以降になると孤独になってしまうかというと、好きなものの世界が狭いからなのです。その原因は、女性とつきあった時に女性の世界を自分の世界の中に組み込まないからです。

女性がたまらなく好きなものがあったとします。音楽でもファッションでもいいのですが、女性がそれが好きだからといっても、つきあっている男性は、それに合わせて自分を変えるということをほとんどしません。

男と女の学習能力の違いがあまりにもはっきり出ているのです。

◆老年期における男性と女性の生きる力の差

また、それが老年期における生きる力の差につながっていると思います。

女性のほうが、つきあいの中で自分の世界を広げるということを、ごく自然にできます。それは要するに、くだらないプライドがない上に好奇心が旺盛《おうせい》だからです。

男性の場合には、一つには他の人の世界に影響を受けたくないというプライドがあって、それにプラスして、そもそも好奇心が弱いということがあります。女性が、肌をきれいにする趣味があるのだったら、自分も一度それにはまってみるというくらいに、相手の世界に一度入ってみると、「ああ、これは面白い」と思うことがあるかもしれません。

女性の雑誌を見ればわかりますが、男性の雑誌と全く違う視点で書いてあります。男性誌は趣味の話題ばかりでそれですべて終わってしまいますが、女性誌は趣味の話でも人生にからませて、アイドルと自分の間をつなぐ読者モデルを登場させて構成していきます。

こういうことが知りたい、こうなりたいということが、男性の場合は、ビジネス本はビジネス本、趣味の本は趣味の本というふうに、ばらばらに切り離されてしまっているかもしれません。その点女性は、男のワールドを有効利用していると言えます。

◆相手のワールドから影響を受ける「被感染力」

何度も言いますが、自分のワールドを持っているかどうかということが、友だち同士のつきあいの中で、もっとも大切なことだと思います。

何気ない会話、くだらない会話をしてたむろしているのも悪くないかもしれないけれど、そういう雰囲気の中では、逆に自分のワールドを持っている人のほうがかえって排除されたりすることがあります。

そうではなくて、ワールドとワールドが触れ合って、しかもそれが広く深ければ深いほど面白い。あいつともっと一緒にいたいとか、友だちになりたいというふうになっていく。それがまともな友だち感覚だと思います。

ですから、私は「友だち力」というのは、相手のワールドというものによって影響を受けることのできる力だと思います。「被感染力」のようなものです。感染することができると友だちになれますし、強くなれる。

影響を受ける力がある女性は、男性との距離を一気に縮めることができます。例えば、全然本を読んだことのない学生が私のところに来て、「とても本を読みたくなったのです」と言って、私のすすめる本を読みまくっているうちに、私ととても仲良くなるということもあります。

もともと本に興味がなかったのだけれど、相手の人間性に興味を持ったために、その人の持っている世界に興味を抱いて知りたくなる。その結果、その人が読んでいる本を読んで世界を共有することによって、自分の興味も変わっていく。

これが相手から影響を受けるパターンの典型です。

女性はそういうところが、瞬間的に男性との関係の中でできますが、男性が女性との距離をとる時には、男性はその女性の好きなものに対して同じように興味を持ったりはなかなかできません。例えば、その女性が音楽とか美術に興味を持っているからといって、男性はコンサートに行こうとか美術館に行こうというふうには、なかなかならない。

そういう意味において、友だち力に関しては、男性のほうがちょっと不器用ではないかと思います。

要するに、相手のワールドに対する好奇心というのが友だち力のかなり中心にあり、それを取り込んでいくのは女性のほうが得意ということです。

◆「偏愛マップ」は年齢を問わず重要

私は「市民大学」で十年くらい教えていたのですが、そこの学生は六十代七十代の人ばかりです。

そこで聴講《ちょうこう》している退職した男性というのは、とても教えるのが大変なのです。以前は頑張って仕事をしていた人というのはプライドが高くて、でも、その場では誰も前の仕事のことについて聞いてくれない。要するにその人のポジションがゼロに戻ってしまうのです。

そうすると、プライドだけが先走って、居場所がうまく見つけられないことがあります。

ところが、その人が何か、例えば俳句が趣味であったり、ギターが得意であったりすると、他の人が関わりやすくなってくる。「ああ、○○がお好きなんですね」という趣味の話がしやすいし、その人の好きなものがわかると、他の人もちょっと距離感をつかむことができます。

前の仕事の話を延々とされても、周りがついていけないところがあります。全部過去の話ですから。やはり自慢話も多くなるだろうし、これからのつきあいの中では、それはいったん忘れたほうがいいかもしれません。

他の人がどうしても聞いてくる場合にはこたえるけれども、ほとんどの人は他人の仕事などに興味がありません。なぜならその話題は共有できるわけではないし、仕事というのは本来、語り合ってもそんなに面白くない話題ですから。芸能関係の仕事などやっていた人ならば、「あの芸能人どうでした」とか、話題になった人のことを聞きたいかもしれませんが。

例えば、道路関係の仕事をやっていて、現場の土の状態がああだとかこうだとか言われても、よほど親切な人でないと共感して聞くことはできません。そういう時こそ、「偏愛マップ」を書いてもらうと、驚くほど共通の話題が見つかるものです。「偏愛マップ」は、子どもたちだけでなく、老若男女、万人共通の方法ですから。年齢を問わずできますし、また、年齢が高くなればなるほど「偏愛マップ」が重要になってきます。

特に退職したあとの時間が長くなった現代においては、六十歳で退職したあと二十年以上ありますから、何をしたらいいか考えると気が遠くなります。男性というのは、仕事をしていないとメンタルな面が結構危ないのです。男性は仕事をしている時に一番輝いていていて、自分も自信に満ちあふれていますし、人からもいいなあと思われています。その仕事がなくなってしまった時の、心のあり方が意外に深刻な問題なのです。

昔ならば、家で仕事をしている人が多かったので、病気になったり年をとって身体が動かなくなり、自然にリタイアするのだけれど、最近は、身体は元気なのだけれど仕事を引退したあとの余生が長くなってしまった。その時のつきあい方として、「偏愛マップ」を使って友だち関係を常に広げておくことが重要でしょう。

◆お互いに影響を受け合う関係に

長い人生を生きていく中で、いろいろな人と出会った時に、その人のワールドと出会って、それを自分のワールドに取り込んでいくということが大事です。それは「被感染力」というものであり、感染される力、影響を受ける力、被影響力というものです。

大事なのは「影響力」ではなくて「被影響力」です。影響を被《こうむ》る力です。

影響を被ることができると、自分のワールドが相当広がっていきます。

話していてダメな人というのは、相手のワールドに自分が感染したり影響されることを拒んでしまう人です。瞬間的にシャッターを下ろしてしまう人です。

別に相手にとって食われるわけではないですし、侵略されるわけでもない。ましてや、そのことによって自分の世界が貧しくなるということではありません。

その人のワールドというものに一度影響を受けてみるということ、一度相手の世界に入ってみるということです。影響を受けるだけでなく、お互いに影響を受け合うようになると、もっと楽しくなります。

そういう友だち関係というのがいい関係です。それは仕事上の一般の人間関係とはまた違う関係です。

「偏愛マップ」などを駆使《くし》して、そういう関わりを積み重ねていき、自分の周りにセイフティーネットを作って友だちを広げていくことが、人生を楽しく生きるコツではないでしょうか。

第4章　授業・いじめと「友だち力」

◆授業のきっかけと意義

今回の授業の対象を中学生にしたのは、中学生時代が一番友だち関係が不安定になる時期だからです。

中学校では、小学校と比較にならないほど難しい雰囲気になっています。というのは、小学生のうちは一緒に身体をぶつけ合ってドッジボールをやったり、遊んだり、そういう基盤がたくさんあって、身体的な関わり合いが多い。ところが中学生になると、一緒に身体をぶつけ合ったりするような小学生的な関わりは恥ずかしくてしなくなります。

なおかつ、第二次性徴期という思春期に入りますので、身体が成長して性的にも大人になるので、男子と女子もぎくしゃくしてしまう。小学生の頃のように、そう簡単に男女一緒には遊べなくなったり、男女間のある種の嫉妬《しっと》というようなものも出てきます。

大人になりたい、色気づきたいという時に、ちょっとそれに乗り遅れると「ダサイ」と言われ、ちょっとオシャレをしていると「何カッコつけているんだよ」と言われ、みんなでたたき合うような雰囲気が中学校にはあります。

小学生との決定的な違いは、身体的には大人なのだけれど、人間関係能力ではお互いに未熟《みじゆく》であるということ。その特殊事情が中学校に集約的に出ていて、いわば社会の中の離れ小島のようになっていると思います。それが、中学生活を息苦しくしているのです。

しかし一方で、中学生というのは一番伸びる時期です。身長も伸びるけれども感性も伸びる、能力も伸びる時期なので、そういう時期に放っておくと友だち問題などがこじれて、一番楽しくて伸びやかな時期が一番辛《つら》い時期になってしまうということが、日常的に起こっています。

中学生を教えた経験のある方ならみんな知っていることなのですが、中学一年生と三年生とは、全く違います。中学一年生は、小学校の延長でまだかわいくて素直で、気に入った先生にまとわりついてくるような感じです。これに対して中学三年生はどうかと言うと、雰囲気が冷え込んでいますが、受験というものがあるので、それはそれで別の締まり方をしています。要するに、少しは大人になっている感じでしょうか。

その真ん中の中学二年生というのは、実に宙ぶらりんの学年です。この学年が一番ダレます。人生のダレ場みたいな感じです。

中学生というのは、だいたいが気分の上下動が激しいのです。自分自身も一、二年間で急に小学生の小さな身体から、一気に生殖《せいしょく》行為ができるような大人の身体に変わっていくわけですから、その辺の変化の大きさを抱え込んで不安定になっているのでしょう。

そこで、ふだん見捨てられがちな、それでいてもっとも不安定で難しい中学二年生に焦点を当てて、「いじめと友だち力」をテーマに授業を行ってみました。

◆「いじめ問題」とテキストの力

この本のそもそもの出発点は、「いじめ」というものを積極的に克服する教育プログラムを作りたいということが動機でした。いじめ問題というのは、今は一見沈静化しているように見えますが、中学校を中心に深いところで広がっているのが現実です。

そこで今回、いじめ問題に対しての積極的な授業を行おうと考え、東京都千代田区立一橋《ひとつばし》中学校で、二日間（四時間）にわたって授業を行いました。

そのカリキュラムは、次の通りです。

①鹿川《しかがわ》君事件について――『「葬式ごっこ」八年後の証言』
②言われて嫌《いや》だった言葉
③アメリカの女性教師が編み出した人種差別を考える実験授業
④偏愛《へんあい》マップ（これについては第1章を参照してください）

いじめで自殺する事件では、中学校が舞台になることが非常に多いのですが、なかでも鹿川君の事件は、中学校の友だち関係の現実をまざまざと見せつけた事件です。

その事件の遺産として、鹿川君と同じクラスにいた人たちの証言をまとめた『「葬式ごっこ」八年後の証言』（豊田充著・五味彬撮影、風雅書房、一九九四年）という本がありま す。私が大学の教職課程の授業でその一部をテキストとして使ったところ、大学生の心の中に非常に深く入っていきました。テキストの力が非常に強いということもあって、自分のいじめられた経験を思い出したり、いろいろな問題をとらえかえす機会になったと言う学生が多かったので、ぜひそれを中学生自身にも読んでもらいたいと取り上げたのです。

私は授業を作る教育学の学者ですので、非常にテキストというのを重視しています。

例えば、いい先生がいて上手に話をしてくれた結果いじめはいけないとか、友だちとは

2004年10月29日　千代田区立一橋中学校での一回目の授業
著者と同校の中学２年生

こういうものだと思うこともあるけれど、それよりも私はいいテキストを共有し、それについて語り合うほうがより深くなると思うし、それが授業の基本だと思っています。

というのは、私たちがどんなにうまく話をしても、『「葬式ごっこ」八年後の証言』に出てくる実際のクラスメイトの生《なま》の証言には及びません。実際に自分たちが殺してしまったのだという罪悪感のもとに話をしている証言の威力があります。その言葉の威力が実際に子どもたちに届いて欲しいと思い、いいテキストと出会わせることが重要だと考えたのです。

①鹿川君事件について

◆鹿川君事件・死へ向かう苦悩の八か月

一九八五年（昭和六十年）、東京都中野区立中野富士見中学二年生だった鹿川裕史《ひろふみ》君は、A君B君を中心とするグループに属していました。外からは普通につきあっているように

朝日新聞　新聞定価 月ぎめ2,600円、1部売り(朝刊)70円(夕刊)40円　第3種郵便物認可

鹿川君 死へ苦悩の８ヵ月

いじめの全容判明

使い走り役が立場逆転

仲間から離脱図り標的に

「生きジゴク」という言葉を書き残して自殺した東京・中野富士見中学二年A組、鹿川裕史君に対する「いじめ」のほぼ全容が、両親や、加害グループの生徒と親の話、学校側の調査で、二十三日までに浮かび上がった。鹿川君は昨年六月ごろからグループの使い走り役になり、「葬式ごっこ」などふざけ半分の行為が散発的に起きた時期を経て、十一月下旬から加害行為が本格化。短い小康状態はあったものの、年初からは遺書通りの状態に追い込まれていた。こうした流れは、警察側が同級生らの供述から得た大筋とも合致している。鹿川君の死に至る八カ月の軌跡をたどってみた。

ツカイッパ

昨年四月、二年進級時の組替えで、鹿川君は仲が良かった級友たちと別々のクラスになった。自宅が近いC君だけは、クラスは別でも、親交が続いた。そのC君は、のちに裏番で名指しされるA君、B君ら七、八人のグループに属していた。鹿川君はごく自然に、グループと行動をともにし始めた。

グループの買い食いのために店に走ったり、下校時にバッグを持たされる使い走りを「ツカイッパ」という。鹿川君の役回りがそれだった。「鹿川はいつも『オレが行くよ』と自分からいった」とグループ側はいう。時期は六月初旬ごろから、とみられる。

鹿川君は六月下旬、他校生といざこざがあったさい、連絡役をしたのをグループと共に、授業中に反抗的な態度をとるようになったことも、学校側に報告されている。グループ外の生徒にけんかを仕掛ける役を演じたこともあった。しかし、十月ごろまでは、いじめの標的にされることはなかった。

故鹿川　裕史君

葬式ごっこ

十月上旬ごろ、二年A組の教室に、他クラスのD君ら二人が来て、鹿川君の右目の周りに丸、鼻の下にひげをフェルトペンで描いたうえ、その姿で廊下を歩かせた。級友たちも廊下に出てはやしたてた。この時、B君は「教室にいたが騒ぎで出てみたら、鹿川君が鼻ひげ姿で歩いていた」という。D君らの動機は不明だが、グループ全体の意思であった形跡は薄い。

同じころ、グループは音楽バンド結成を目ざし始めた。鹿川君はドラムの担当だった。近くの貸しスタジオで夜遅くまで練習するようになると、夜遅く、呼び出しの電話がかかり出した。父雅弘さん(46)は夜の外出を許さなかった。仲間との仲はきみになって、鹿川君が悩んでいたのを雅弘さんは覚えている。

十月十五日から十七日まで、鹿川君は家出する。「隣の杉並区内のビルの踊り場に新聞紙を敷いて寝た」と学校側に説明したが、後に同級生の母親から「うちに泊まって、ご飯も食べて遊んでましたよ」と電話があった。

こうして、グループ内での立場がもやもやし始めたとき、「葬式ごっこ」があった。十一月十四日、A君がテレビの人気番組の「葬式コーナー」をヒントに「鹿川を死んだことにして、あれをやろう」といい出した。すぐクラス内に色紙が回され、女生徒数人を除く全員が追悼の言葉を書き、署名した。

だれかが「センコー(教師)にも書かせよう」といいだし、担任の藤崎[illegible]教諭([illegible])ら四人に持ちかける分担も決まった。「署名したかどうか、記憶がない」といっている[illegible]教諭([illegible])を担当した生徒たちは「先生が『何だ、これは』といったので、急いで『ジョークだよ、ジョーク』といったら、先生は『そうか、ジョークか』と署名した」という。この時点までは、鹿川君への暴力によるいじめは起きていない。

いじめと無関係な級友らと高尾山への元日登山を楽しんだが――。左から２人目が鹿川裕史君　（鹿川家提供）

連鎖反応

十一月末、二つの事件が連続して起きた。まず、鹿川君がグループのB、C君らといっしょにいたとき、一年生の男子が鹿川君に「お前は弱虫だ。オレの方が強い」といった。「お前、悔しくないのか」とB君らにいわれ、取っ組み合いになる。

次が「つり銭事件」だ。鹿川君がA君から渡された六千円でジュースなどを買ってきた後、残り六百五十円を渡さないまま次の遊びに移った。A君が数日後、問いただすと「使ってしまった」と答えた、とグループ側はいう。A君は鹿川君を学校近くの区立勤労青年館の空き部屋に連れこみ、殴りつけた。

鹿川君は二つの事件を、雅弘さんに細かくは語っていないが、断片的な話から察して、雅弘さんはA君の母親を訪ね、「あんたの息子をよく監視してくれ。これ以上、息子にまとわりついたら、何が起こるか、わからんぞ」といった。

翌日ごろ、鹿川家にかかった電話は「鹿川裕史、殺してやる」といったきりで切れた。

初日の出

十二月中旬、なぜかグループ内に「もう(鹿川君へのいじめは)やめようや」という声があがった。あるいは、雅弘さんの抗議の効果だったかも知れない。いじめの中心だったA君が「鹿川、ごめんな」といった、と鹿川君自身の口から、雅弘さんは聞いた記憶がある。

鹿川君はそのころから、同級のF君らと五人で、元日に高尾山(標高六〇〇㍍)で日の出を拝む計画を立て始めた。グループとは無縁の顔ぶれで、電話で何度も、綿密に打ち合わせたうえ、三十一日午後八時、野外炊事具をかついで出かけた。

公衆電話を見るたび、自宅に電話する約束だった。母みどりさん([illegible])は三回ほど、電話で「いま、甘酒を飲んでるとこ」など、弾んだ声を聞いている。一日午前十時ごろ帰宅。学校側はグループを離れようとしていた、と推測している。

生きジゴク

三学期とともに事態は暗転した。一月八日の始業式のあと、鹿川君はグループのほぼ全員による暴行を受けた。A、B君が二年の教室がある三階から屋上に通じる階段に連れていき、「またチクった(告げ口)な」と殴り、耳を殴ったことは、グループ側も認める。耳たぶが切れ「制裁」はやんだ、という。しかし、雅弘さんは「第二ラウンドがあった」という。

鹿川君は午後六時ごろ、血だらけのカッターシャツをバッグに隠して帰宅した。雅弘さんに「中野区本町の十貫坂上交差点に近い駐車場に連れていかれ、三年生三人が加わって、さらにひどく殴られた」と話したという。同じ日、高尾山登山を共にしたF君も殴られた点から、鹿川君の登山を離脱行動とみて、制裁を加えた可能性が強い。

一月十六日、鹿川君はみどりさんが勤めるスーパーに「相談したい」と電話をかけた。帰宅後、みどりさんは「使い走りを逃れられるかと思ったのに、三学期になったら元に戻っちゃった」という意味のメモを見た。

それから二十一日まで、鹿川君は欠席した。自宅は出るが、どこで過ごしたかは不明だ。

六日ぶりに登校した二十二日、体育の授業中に、見学していたD君らと、受験前で自由登校だった三年生二人に、歌を歌わされた。さらに木に登らされ、木をゆすられた。[illegible]教諭([illegible])が止めに入り、藤崎教諭が、鹿川君を下ろした。

翌日からまた欠席。一月三十日が最後の登校になった。午後二時過ぎ、C君が鹿川君を校外のどこかで見かけ、B君のところに連れてきた。三人が三年B組にいる時、手塚京子教諭が気づき、近づくと鹿川君は小声で「先生、オレを逃がしてくれ」といった。

教育相談室で藤崎教諭が事情を聴き、小声で事情を聴いた。みどりさんも呼ばれた。みどりさんは「先生にグループの横行を訴えたが、『(鹿川君に)訴えるか転校しかない』といわれた」という。

その間、D君らは校内中、鹿川君を捜し回った。帰るとき、鹿川君のスニーカーがなかった。スニーカーは便器に突っ込まれていた。藤崎教諭がそれを洗ってくれた。

翌三十一日朝、鹿川君は家を出た。二月一日夜九時ごろ、父の出身地に近い盛岡駅前のデパートのトイレで首をつった。

1986年（昭和61年）２月24日　朝日新聞

見えましたが、実は鹿川君は「ツカイッパ」という使い走り役をやらされていました。

六月頃から、毎日のように買い出しに行かされて、授業中にも行かされるようになりました。登下校時に多い時には一度に五、六個もの鞄《かばん》を持たされたりしていました。

鹿川君は温和で気弱なほうだったために、表面は嫌な顔をせずにむしろにこにこ笑って従っていたとも言われています。それにつけ込んで、やがてグループ側は鹿川君をさらに激しいいじめの標的としていったのです。

十一月頃、鹿川君が顔にフェルトペンでひげを描かれた上、廊下を歩かされるという事件があり、級友たちも廊下に出てはやし立てたといいます。

こうして、グループ内での立場が悪化してきたさなかの十一月十五日、クラスで「葬式ごっこ」をやることになります。

A君がテレビの人気番組をヒントに、鹿川君を死んだことにして葬式を出そうと言い出します。クラス内に色紙が回されて、女生徒数人をのぞくほぼ全員と他のクラスの生徒の一部が追悼《ついとう》の言葉を書いて署名しています。

誰かが「センコーにも書かせよう」と言い出して、何と担任の教師をはじめ数名の教師が「ジョークか」と言って署名してしまったのです。帰宅後、鹿川君は担任まで書いているんだ、と沈んだ調子で語ったといいます。この頃までは、まだ鹿川君は暴力的ないじめを受けていませんでした。

しかし十二月頃、A君から殴られる事件が起こり、父雅弘さんがA君の母親を訪ね、「あんたの息子をよく監視してくれ」と抗議しました。その効果だったのかもしれませんが、十二月中旬、グループ内に鹿川君へのいじめをやめようという声があがり、いじめが一時沈静化したかに見えました。

鹿川君は元日に、グループ外の四人と初日の出を拝もうと高尾山に登っています。この頃、鹿川君はグループを離れようとしていたと学校側は推測しています。

三学期になり、事態は再び悪化しました。始業式の後、鹿川君はグループのほぼ全員から暴行を受けました。教室から屋上に通じる階段に連れて行かれ、耳たぶが切れるまで殴る蹴るの暴行を受け、さらに場所を変えて、三年生三人も加わり、さらにひどく殴られています。

同じ日、高尾山に一緒に登った友だちも暴行を受けています。このことから、鹿川君の登山を離脱《りだつ》行為と見て制裁を加えたものと考えられます。

鹿川君は母みどりさんに「使い走りを逃れられると思ったのに、三学期になったら元に戻っちゃった」というメモを残しています。それからしばらく、鹿川君は学校を欠席していました。

二週間ぶりに登校すると再び、三年生二人から、歌を歌わされたり、木に登らされて揺すられたりして、教師が止めにはいるという事件が起こりました。翌日からまた欠席し、一月三十日が最後の登校になります。

その日の午後、グループの一人が鹿川君をB君のところに連れて行こうとしていることに気づいて割って入った女性教師に、鹿川君は小声で「先生、俺を逃がしてくれ」と懇願《こんがん》しています。

そのあと、担任、母親、本人の話し合いが行われます。そこで、グループのいじめの恐怖を訴え離脱したいという鹿川君に対して担任は、「警察に訴えるか、転校しかない」と述べたといいます。この話し合いの間にも、グループの何人かが鹿川君を校内中探し回り、靴箱のスニーカーを便器につっ込んだりしています。

翌三十一日朝、鹿川君は家を出ました。

そして、二月一日夜九時すぎ、父の出身地に近い盛岡駅の駅ビル地下街のトイレで首をつって死んでしまいます。

最後に「このままじゃ『生きジゴク』になっちゃうよ」という言葉と、いじめグループの中心的存在だった同級生二人の実名を記した遺書を残して、自らの人生に幕を閉じたのです。

◆同級生・岡山君の八年後の証言

次に掲載する資料は、鹿川君事件が起こった当時にクラスにいた人たちが、八年後に元朝日新聞記者の豊田充さんのインタビューを受け、それをまとめた『「葬式ごっこ」八年後の証言』という本の中にある同級生の証言です。

私が読んだ中でもっともいじめに対してリアルな言葉です。というのは、鹿川君を死に至らしめた原因に何かしらの形で関わっている人たち、例えば本当にいじめて殴ったというのではなくても、クラスの中にいて見て見ぬふりをしていた、そういう人たちの言葉だからです。

今回の授業は、その中の岡山君（仮名）の証言「自分が弱い人間であることを知られるのが、死ぬほどいやだった」を資料として子どもたちに読んでもらいました。それでは単行本から引用します。

資料

「自分が弱い人間であることを知られるのが、死ぬほどいやだった」

――岡山君・一浪して大学四年生

〈自分を弁護する気はない〉

気持のうえでは、整理がついているが、頭が悪いので、系統だって説明するのは難しいと思う。でも、自分を弁護する気はない。名前が出ても、構わない。自分の見たこと、聞いたこと、感じたこと、知っていること、考えたことを、率直に伝えたいと思う。

ぼくがこの事件について書くことで、分かってほしいのは、自分の罪を懺悔《ざんげ》しようなんて、そんな気持ではない。ぼくはこんなに反省しています、なんてアピールしたいわけでもない。

本当に分かってもらいたいのは、人間の心のもろさ、人間の心の頼りなさであり、どんなに正しくあろうとしても、周りの環境に慣れてしまう、ということの恐ろしさだ。

たとえ、教育委員の人だって、あのときの担任の伊藤（本書では仮名）先生や他の先生方と同じような環境にいたとしたら、やはり同じように、事件を起こしてしまうのではないか、とぼくは思っている。

〈事実から逃げていた〉

鹿川が死んで以来、自分があの事件に少しでも関係があった、という事実から、ずっと、逃げていた。

自分があのいじめを見ていても、止めることができなかった弱い人間だ、と他人に思われることが、死ぬほど嫌だったから。ぼくはいつも、見かけだけの人間だった。

ことし春ごろになって、やっと、自分なりのとらえ方ができたような気がする。

鹿川に対してなされたことは、どの学校にもある軽い遊び程度のものだった、と思っていたし、そう信じたくもあった。

高校に進んでも、中野富士見中から来た、と言うと、みんな鹿川のことを聞く。そんなときも「おれは関係なかったよ」とか「よく知らなかった」とか答えた。

自分は小学生のとき、よく陰湿ないじめにあったので、いじめはどんな小さなものでも、絶対に許さない、という信念を持っているつもりだった。

しかし中学に入って、周囲であまりにも日常的に目にする子どもっぽい幼稚ないじめによって、小さないじめや嫌がらせに対する感覚がまひしていったように思う。自分もかつて陰湿ないじめにあったことから、人の痛みがだれよりも分かるはずなのに、環境に慣れてしまった。

いま思うのは、人間はとても弱く、もろいものなんだ、ということだ。


〈「裕史は小さかったからね」〉


高校一年の終わり近く、鹿川の三回忌の前後に、中学時代の友だち数人で、彼の家にお悔やみに行った。留守番をしていた小柄なおばあさんがたった一人、迎えてくれて、ぼくたちをこたつに招きいれた。

「あら、裕ちゃんのお友だち。よく来てくれたわね、コーヒー飲みなさい」と言って、「あなた方は何かスポーツやっているの」と聞いた。

「ぼくはラグビーです」

「ぼくは剣道です」

「ぼくは少林寺拳法です」

「あなた方はいいわね。大きくていいわね。裕史は小さかったからね」

ぽつりぽつりと続く会話の中で、「この人はこんな悲しい目にあうために、七十年も八十年も生きてきたのか」という思いがした。悲しい表情もつくらず、たんたんと話すおばあさんの姿は、ぼくにとって本当にショックだった。

そのときのショックがなければ、ぼくはあの事件からも、あの事件を考えることからも逃げて、まるで関係ない部外者のような顔をしていたと思う。

ぼくは体も大きかったし、運動もよくやっていた。だから、鹿川を助けてあげられたんじゃないか、自分ならできたんじゃないか、という思いが、あの日から時間がたつにつれて強くなっていった。

高校時代はずっと楽しめなかった。中学時代から部活を続けていたが、体がぼろぼろで、すぐ貧血を起こすし、食事も進まなかった。ぼくがなぜ苦しんでいるか、まったく知らない友だちが、別のことだと思って「思い込みだよ」とか「考え過ぎよ」とか、いたわってくれたけど、自分ではどうにもできなかった。

大学三年の春ごろになって、ようやく、気持の持ち方が変わった。自分のしたことを、そのまま認め、余計なことで自分を弁解するよりも、自分が考え、感じ、苦しんだことを、少しでも、いじめをなくす方向に役に立てたい、と思うようになったからだと思う。

それまでの七年以上、分からないままでいたのは、あの中二当時までに、自分がどう育って、どういう精神状況だったのか、まで考えなければならなかったからだ。

〈あの当時、まわりの目ばかりが気になっていた〉

中学時代、思春期にありがちな自意識過剰の時期で、自分の望む理想像と自分自身のギャップが大きく、中二のあの当時、自分自身がストレスが強くて、危ない状況だった。

富士見中に入ったとき、ぼくとは別の小学校からきた同級生が、荒っぽいのにショックを受けた。万引きも平気でするし、弱いもののいじめもふつうだった。

小学校のとき、いじめられていたから、弱いとはっきり位置づけされてはいけない、という意識は強かった。弱い者は絶対に守らねばならない。しかし、弱い者と同類と思われてはならない。自分のことばかり考えていたから、自然と、どこにいても、まわりの目ばかりが気になっていた。

家庭でも、すごいストレスがあった。兄貴は成績もよく、スポーツも万能で、バレンタインデーにはチョコレートがどっさり来る。自分は何をやっても、かなわなかった。

〈みんながみんな不安だった〉

クラスの中に、閉鎖的なグループがいつのまにか、どんどんできていって、大きく四つくらいに分かれた。男子、女子ともそれぞれ、いばっている組と、おとなしい組ができた。何かいやで、そこでもストレスを感じた。

おとなしい組の人たちは一見、楽しそうに、仲よくやっているが、不安だからいっしょに行動していた。純粋だったが、その一方で、みんながみんな不安だった。

AやBたちのグループも、その一つだったが、正直に言って、自分にとっては、そんなに怖《こわ》い存在ではなかった。AやBも、力が強いわけでもなく、弱い犬がよくほえる、という感じだった。

Ｂは小学校時代はよくできたらしい。中一のとき、足が悪い級友を川遊びに誘ったり、やさしい面もあった。が、成績がだんだん落ちて、中二では学校も休みがちになった。あの当時、よく、けんかもあったが、いま思えば、たわいないものだった。相手がけがしようとなんだろうと、やっちまえ、という感じだったが、それでいて、だれかが止めるのを前提に、やりあったのだ。そのうち、女子が先生を呼びに行く。けっこう、冷めていたわけだ。

Ａなんかも、主にけしかけるだけだった。「まかしとけ」なんて言っても、いざというときは、逃げてしまう。

二年のとき、他の中学校とけんか騒ぎになったときも、そうだった。ぼくはＡに「お前も行くか」と言われ、小さく見られるのがいやで、「当たりめえだ、行くよっ」と答えた。五、六人で行くのかと思っていたら、四十人ぐらい集まったので、驚いた。

相手と会う場所は、ゲームセンターだった。相手側に四、五人、でかくて強そうなのが来ていた。みんな素知らぬ顔でゲームに熱中するふりを始めた。ぼくは隅の、少し離れた場所で、こいつら何を考えてんだ、と思いながら、その光景をずっと見ていた。

気がついたら、Ａたちは消えていた。そのうち、Ａたちが先輩（ＯＢ）たちを連れてきて、相手と話をつけた。

結局、なんだったんだろう。みんな、軟弱なんだ。そんな程度だ、と思った。みんな弱いものいじめしかできない最低野郎。そんな連中しか、まわりにいなくて、ぼくの中学時代は最悪だったかもしれない。


〈鹿川は涙をぽろぽろ、こぼしていた〉


葬式ごっこのことも、苦《にが》い思い出だ。前の日、四、五人が教室のすみっこで話していたので、ぼくが顔をつっこんでみると、「ねえ、鹿川を死んだことにしちゃおうよ」と言われた。ぼくは何も考えずに「おもしろいじゃん」と言ったと思う。そして、やはり何も考えず、準備にも加わった。

当時、自分を大きく見せることと、人になめられないようにすることで、ぼくはすさんでいた。

あの時点では、みんなでやったこの行為が、どれだけ彼に心の傷を与えるのか、という意識はなかった。感覚がまひしていた。

だれかが前日、鹿川に「あすは遅れて来いよ」と言ったらしい。当日、鹿川の机に色紙や花、夏ミカン、線香を飾った。休み時間に鹿川が来て、色紙を見た。

そのあとの授業は美術だったと思う。教室を移動するために、みんながばらばらと教室を出ていき、自分も教室を出る準備をしていたら、鹿川がそばに来て「てめえ、なんだよ。こんなこと書いてんじゃねえか」と言った。笑いながらだったが、涙をぽろぽろ、こぼしていた。

ぼくはそのとき、「うるせえ」とか、軽くぽんと、突き放すようなことを言ったと思う。たしか、裁判では、葬式ごっこはいじめと言うより、遊びだった、という一審判決が出たのではなかったか。自分もずっと、そう思っていたが、いまにして思えば、葬式ごっこは、鹿川がみんなにとっての自分の生命の軽さを感じ、自殺の前に踏みとどまる最後の支えであるべき一つを失った伏線だったと思う。

〈鹿川はぼくの分身みたいに思える〉

鹿川の家には二回か三回、行った。中二の最初のころだったと思う。友だち二人といっしょだった。父親が酒を飲んで殴る、暴力団の知り合いがいる、と聞いたこともあった。

信じがたい気もした。

鹿川は他の人にはそうではなかったが、ぼくなんかに対してはテメエ、バカヤロとか、乱暴な言葉を使っていた。わざと荒っぽい言葉を使いながら、それでいて、相手の様子をうかがうようなところがあった。たぶん、そんな乱暴な言い方をして、仲のよさを、ことさら示そうとしていたのだろう。半面、自分が描いたマンガやイラストは必ず、ぼくに見せてくれた。

ぼくは二、三回行ったあと、足が遠のいた。弱いものは絶対、守らなければならないと思っていたが、同時に、弱いものと見られたくないという気持が強かったので、彼と同類と見られるのが、ぼくはいやだったのだ。

あるいは、いま考えれば、ぼくは自分に、鹿川と共通のものがあるのに、気づいていたのかもしれない。たしかに、ぼくには、鹿川に似ているところはあった。弱いというか、行き場がないというか。体が大きいか小さいかの違いだけで、彼が自分の一種の分身みたいに、いまは思える。自分も小さかったら、いじめられていたんじゃないか。

同時に鹿川の方も、ぼくが彼自身と共通のものを持っているのを、感じていたのじゃないか。本当は、臆病で弱いのだ、ということだ。

しかし、鹿川から見れば、ぼくはAとかに対等にものが言える、止めようと思えば止められる存在に見えた、と思う。実際、Bが先生に暴力を振るいそうになったとき、走っていって止めたこともあったから、そういう要素も、けっこう、あったのかもしれない。

だから、ぼくは彼の気持を分かることができたはずだし、体もでかく、けんかもよくやっていたぼくなら、彼を守って、死なせずにすむことが、可能だったのではないか。

人の生命を支えることは、相手に共感を持って話を聞くだけでも、彼と楽しくやさしい思い出をたった一つ、つくるだけでも、可能になる。ほんの小さなことでも、人の生命を守ることができるのだ。そのことに気づいていれば、決して彼を殺すことはなかった。

〈いまは、怖いものはない〉

自分は彼を、直接いじめた人間ではない、と思う。ただ、彼との友情から、自分から離れて行ったことと、葬式ごっこに加担したこと、この二つの行為で、彼の生命を引き止める本当に重要な絆《きずな》を、断ち切ってしまったのだ、と思っている。

だから、苦しみ、悩み、自分を追い詰め、そしてようやく、乗り越え始めたこのごろになって、やっと自分がこれからの人生を、どう生きて行くかを見つけたと思う。
いま、怖いものは、何もない。自分が弱い人間であることを、隠す必要がなくなったからだ。

〈先生たちが悪いと思えない〉

弱さを死ぬほどきらったぼくは、先生たちの人間としての弱さに、いらだちを感じていた。ただ、先生たちが悪いとは、いまも思えない。先生たちなりに、一生懸命やっていたと思う。

担任の伊藤（本書では仮名）先生に関しては、生徒の方がすさみ過ぎていた。あの生徒を相手にしたら、ふつうの神経じゃいられない。先生はやさしく、楽しかったが、だんだん抑えがきかなくなって行ったのだと思う。

毅然《きぜん》としていたのは、体育の先生くらいだった。しかし、その先生すら、日常的ないじめ、いやがらせに慣れすぎて、感覚が相当にまひしていた、と思う。

一年のときは、若い女性の先生が担任だったが、先生はカチカチに構えていて「私がこのクラスのボスだからね」と言ったりした。いまにして思えば、先生もビクビクものの、ストレスの固まりだったみたいに思う。いまは、とてもすばらしい先生になり、生徒の人気を集めている、と聞いた。

〈マスコミを軽蔑していた〉

当時は、自分たちのことが、興味半分、面白半分に書かれているようで、週刊誌マスコミや世間一般を軽蔑《けいべつ》していた。

「こいつら、こんなに悪いこと、やってきたんだぜ」

「こいつら、こんなに悪いやつなんだぜ」

「まあ、なんてかわいそう」

「この子、こんなにも、かわいそうだったのよ」

薄っぺらな洞察力《どうさつ》で、つまらない安っぽいドラマが作られていく。そんな風に感じていた。

自分のことは棚《たな》に上げて、だれかを悪者に仕立てて批判すれば、自分は正しい人間、正しい教育者、正しい母親でいることができる。昼間の奥様向けのテレビ番組を見て、実像とは違う、お涙頂戴《ちょうだい》の映像に、いつも泣きたいくらいの悔しさを覚えた。

でも、一年くらい前に、あの事件について朝日新聞の記者たちが書いた『葬式ごっこ』（東京出版）と、佐瀬稔さんの『いじめられて、さようなら』（草思社）を読んでから、全く変わった。いまは、全体ではないが、ジャーナリズムを尊敬している。

（『「葬式ごっこ」八年後の証言』一二一〜一三六頁より岡山君の証言を引用）

◆事件を浮き彫りにする強力なテキスト

鹿川君の事件は、いろいろないじめ事件があった中でも、人々の印象にもっとも強く残った事件だと思います。それは「葬式ごっこ」という、人を死んだことにしてしまうという遊びをやったこと、人としてやってはならないことをやったことが引き金の一つになって、自殺にまでいってしまったという、象徴的な事件であったせいでもあります。

また、この事件に関しては、テキストが豊富だったこともあります。

朝日新聞がずっとこの事件を追いかけていて、事件当時も相当な特集を組んでいました。なおかつ鹿川君の同級生に八年後に取材して、その当時のことを思い返して語ってもらった本が『「葬式ごっこ」八年後の証言』です。

この本は資料として優《すぐ》れたもので、取材をした記者の視点が非常にすばらしいものでした。普通事件が起こった当初はみんな気にしていますが、八年後になるとだいたい風化してしまいます。それを、風化させないという強い意志をもって、その時の同級生に取材したことによって、時間がたっていたぶん冷静に当時を振り返ることができていて、当時どういう状況だったのかが非常によくわかる仕組みになっています。

今回は紙幅《しふく》の都合もあって、岡山君の感想だけを紹介しますが、実際には何人もの同級生に取材しているので、いくつもの視点から現実を思い返してもらうことができました。そうして、複眼的な視点で現実を浮き彫りにすることに成功しています。

私は「教育基礎論」という授業を大学で持っていますが、そこで「いじめ」に必ず一時間を割《さ》くことにしています。

教師志望の学生たちなので、その人たちが中学や高校で授業を行った時に、一時間で「いじめは絶対にやめよう」と思わせるような強力なテキストはないか、ずっと探してきました。いろいろ試してみた結果、この『「葬式ごっこ」八年後の証言』が大学生の心にも強く入っていく、もっともいいテキストだということになりました。

ここで取り上げた岡山君という、その当時大学生になっていた同級生の言葉の一つ一つが、自分の身体の内側から強くわきおこった言葉、肉声で語っているということです。

例えば、外側から見て分析した評論とは違って、当事者の生の言葉なのです。

◆傍観者としての当事者の肉声

いじめられた側の当事者の言葉というのは、私たちに切ないほど伝わってきて、心揺るがすものです。しかし岡山君の場合、それとは違う立場の肉声として響いてきます。

実は、私たちが陥《おちい》りそうな状況というのは、岡山君のような、傍観者《ぼうかんしゃ》としての当事者なのです。

いじめの加害者に問題があることはもちろんですが、直接の加害者にはならないけれど、いじめが起こっている状況に慣れてしまって、やめさせようという思いがありながらもそこから逃げてしまっている傍観者の立場というのが、一番の問題なのです。

岡山君もまた、どちらかというと直接いじめた側ではないのですが、鹿川君とかなり距離が近かったところから、自分から少しずつ離れていってしまったのです。

それは、「葬式ごっこ」に加担してしまって、そこに文章を書いてしまったこと。あるいは、話しかけてきた時に少しずつ遠ざけるようにしていったこと。家に遊びに行かなくなったこと。そういうような傍観者的な立場に、自分の身を置いてしまったことです。

つまり、いじめる加害者以外はすべて傍観者になってしまい、それによって鹿川君がつかむ綱が一本もなくなってしまったということなのです。

ここでは、傍観者もまた加害者の一部であるということがポイントとなっています。多くの人がこれを読んでくれたら、いじめというのが、実にすさまじくばかげたことで、絶対にやってはいけないことだという思いに、必ずや至るはずです。それでもいじめは起こってしまうかもしれないけれど、その時に、自分の中で思い返す手がかりになると思います。

そういう意味で、『「葬式ごっこ」八年後の証言』はもっとも強力なテキストと言えます。

今回の授業の中では、当時の新聞記事も資料として参考にしました。この新聞の記事というのがまた、事件の重さを伝えています。この重さを授業でしっかり受け止めてもらおうと思ってやってみました。

◆自分の経験を掘り下げる機会に

中学生たちの感想文を読むと、このたびの授業は、自分の経験を掘り下げる機会を与えてくれたという感想がたくさんありました。

Sさんは、「私はこの作者と似ていると思った」と書いています。

この子は、小学校三年の時にいじめられたのだけれど、けんかが強くなったので何とか大丈夫になった。そのあと転校したクラスが最悪の雰囲気で、一人の女の子がいじめられていたときに、岡山君と同様、周りから弱く見られるのが嫌で、助けることはなかった。きっと彼女は私に助けを求めていたのかもしれない。そういう自分自身の沈み込んでしまうような経験に向き合う機会をこの授業は作ってくれた、と語っています。

O君は「ツカイッパ」について、大半のグループにはあることだけれど、「やるべきことだとは、とうてい思えません」と言っています。また、「自分には味方がいないという不安感に負けたりもしました」と自分の経験を語っています。

今回のようなテキストと出会った時のやり方としては、まず、そのテキストの中で自分の心にふれたところに線を引いて、自分がもっとも感動したのはどこなのかをはっきりさせて、テキストと自分を関わらせていきます。

その後、自分自身の経験のほうにいったんおりていって、その上で、いじめにどのように対処したらいいかということについてしっかり認識させる。経験だけ思い返すのではなくて、認識をさせるということです。感想文を見ると、認識をしっかりし直したことがわかりました。

例えば、「今の自分はいじめを止める勇気を持っていないということがよくわかる」という感想は多くありました。

Tさんは、「葬式ごっこの本を読んだことがある」「今の自分にはいじめを止める勇気がなく、見て見ぬふりしかできないし、もしかしたらいじめられているかもしれない。でも、その現実をいつか変えられるように心がけたいと思えただけでも良かったと思う」と書いています。

自分は今、傍観者になってしまっているということが意識されています。少なくともそういうことが意識できることが大事で、そこから変えていこうと思うことができるわけです。

◆反省の回路を育てる

私はこの授業のはじめに、「岡山君の証言を読んで自分の印象に残ったことをあげてください」と言いましたが、次のような感想が書かれていました。

Sさんは「自分が弱い人間であることが知られるのが嫌だったという言葉が心に残った」「感覚が麻痺《まひ》してしまったというのは自分にもあるかもしれない」「自分が反省しなければならない場面がたくさんある」というふうに書いています。

私が小中学校の頃は、学級会という名の反省会が毎日催《もよお》されていて、「反省」という言葉が小学生・中学生のキーワードのように言われていた時期がありました。今はもうはやらないと思いますが、全く廃《すた》れてしまうのもおかしなことで、「やりすぎちゃった」と反省することで、いじめをやめていくことができるわけです。

でも最近は「反省の回路」という当たり前のことが、全くない人がいるようです。人を殺しても嘘《うそ》をついても、とにかく平気で自信満々。絶対に反省しないし絶対に口を割らないというような人は、「反省の回路」自体を持っていません。

この「反省の回路」を作るということは人間として基本的なことなのですが、家庭でできているかというとそうではありません。今の家庭はゆるいですから、家庭が反省することを練習させる場になっていないことが多いのです。

例えば、母親に「ムカック」とか「てめえ」とか言ったとしても、父親がそれを叱《しか》らないでいると、子どもをコントロールすることは不可能になります。それで高校一、二年までいってしまうと、反省するという回路がもう育たないので、一生反省しないという回路に入ってしまうのです。

◆言葉を通して体験を先取りする

こういう授業の意味というのは、自分がやった事件ではないのだけれど、誰かがやったことの疑似《ぎじ》体験でもあるし、シミュレーションのようなものです。

また、「自分がやらなくてよかった」と自分に置き換えて受け止めることができるものでもあります。

様々な経験が、この授業を通じて掘り出されているようです。

Mさんの場合は、自分も小学校の時「菌がうつる」と言ったという経験を書いています。「その子にさわると菌がうつると言ってクラス全員でいじめていた。誰もやめようとしなかったし、その子を助けようとはしなかった。そんなことをすれば今度は自分が無視されてしまうから」

「菌がうつる」というのは典型的ないじめの言葉です。

「言葉を受け取る」というのも、今回の大きな目的だったので、事件だけじゃなくて、非常に言葉にこだわったわけです。

Kさんは「見ているだけの人間にはなりたくない。岡山君の言葉で、『いま思うのは、人間はとても弱く、もろいものなんだ、ということだ』というのがあった。この人はそれがわかった。自分たちはそれをこれから感じていくだろう」と書いています。

彼女は、岡山君が至った認識というものが彼の言葉で表現されていて、その言葉を受け取った自分たちは、それをこれから感じていくだろうと言っているのです。

言葉が先に入ってきて、それから体験が生まれてくるということ。つまり今、全部同じ気持ちでわかったわけではないけれども、たぶんこういうふうに感じる瞬間がこれから自分にあるだろうと推測しています。

つまり「体験の先取り」が成されているのです。こういう気持ちを持てるようになると、そういう瞬間が生まれるものです。

「ああ、自分というのはもろい人間で、流されているなあ、加担しているなあ」そんな弱さを自分自身が感じるための疑似体験が必要なのです。

私がここで意図していたのは、岡山君の言葉が言葉として彼らの中に残って、何かの折りに「ああ、人って慣れちゃうものなんだ」とか「弱くもろいものなんだ」という言葉を思い出すことによって、認識が変わり行動が変わっていくという回路です。

そういう回路が生まれることを私は狙《ねら》いとしていたのです。今回の授業を通じてそういうことに気づいたという人が多かったので、大変嬉《うれ》しく思いました。

「一人の悪口を言ったり、一人をハブくことがある。これもいじめなのだとわかった」と書いている子がいます。「ハブかれて」とか「ハブく」という言葉が多かったのには驚きました。「ハブく」という言葉が日常的に使われているようです。

S君は「一番上で威張《いば》っている人でも、いつ自分がハブかれないかと気にしていると思う」と書いています。他にも「ハブかれている」と書いている子がたくさんいます。

◆「心のもろさ」という大きなテーマ

一橋中学ではこのようにひどいいじめはないようなので、鹿川君事件は遠い存在ではあるのだけれど、このテキストを自分のことと関わらせて考え、まじめに受け止めてくれました。

「自分にも小学校の時に友人に裏切られた経験がある」とか、「誰でも探していくと、同じような経験が少しあるし、感覚が麻痺してしまって流されてしまった」とか、そういう「心のもろさ」が、どの子にも共通したテーマとして受け止められています。

人をいじめてしまう悪意というよりも、それに流されてしまう心のもろさということです。傍観者になって加担してしまうもろさというのが、一つのテーマになっています。

O君は「人間の心のもろさ」を痛感したと書いています。

「自分のしていることが悪いのはわかっていても、周りの環境に慣れてしまうと、ふみとどまってそのことから手を引くことができないと思います」「その友だちは優しくて弱い子だったので、自分より弱いというふうに思っていたんだと思います。だから、いじめてしまう」「言葉というのは、人を苦しめることもできるし、逆に人を救うこともできるのだと学びました」

Mさんは「中学二年生ってすごく難しい時期だと思う」と書いています。

「岡山君の『自分の望む理想像と自分自身のギャップが大きく、……自分自身がストレスが強くて……』という言葉に納得してしまう。私も親からいろいろ言われたり、自分の中で『ダメだなあー』と思うと、今の自分がなさけなくなってストレスがたまり妹に当たってしまう』。そして中学二年生は「自分の心がゆがんでしまう不安定な年だと思う」。

M君は、「感覚が相当にまひしていた」という言葉を取り上げて「周りの人たちがそのような人たちであれば、そうなってしまうかもしれません。しかし、自分が『マヒしている』と気づける人は、そうとう自分をコントロールできて、なおかつ自分のことだけでなく、人のことも考えられる人だと思いました」と書いています。

こちらがテーマとしていたものが、きっちり伝わっているという実感がありました。

Yさんも自分だったら「もう止めようって言えなかったかもしれない」と書いています。自分の心に入った文章を取り上げて、それを自分の経験と重ね合わせて書いていました。

感想文というのは、普通は漠然《ばくぜん》としてしまうのですが、今回はテーマをテキストの文章中からしっかり見つけようとすることによって、意識がクリアになっていったのでしょう。

よくありがちな「いじめは悪いと思います」、終わり、というふうにはなっていません。追体験することによって自分と重ねて考えることができたのでしょう。

また「クラスの中心の人なら言えたかもしれない」という感想もありました。「でも、クラスの中心の人がいじめを始めるからこそ、みんながそれに従うのだと思う」とも書いています。

クラスの中の力関係ということに対して非常に敏感であることがわかります。やはりクラスの中の力学とか、ものすごいせめぎ合いにさらされているのです。どうして、クラスというものがそんなに重いものなのかと感じました。

◆強いテキストと出会う

この事件に関する子どもの感想文は、なかなか強烈なものがありました。

いい感想文が書ける理由の一つは、テキストが強いからです。

今回の授業が他の授業と違う点は、テキスト重視ということです。いじめについてみんなで話し合おうという授業ではないのです。あるいは、いじめはよくないと先生が諭《さと》すというのでもなく、子どもたちにテキストに出会ってもらうのが最大のポイントです。

私の専門は教育学なので、授業研究をしているのだけれど、最近の授業の特徴としては「みんなそれぞれ考えてみよう」というのが多いのです。

また話す力、聞く力をつけようということでシンポジウムをやったりしているのですが、そういうのは、テキストと出会うものではないのです。

では、強いテキストとはどういうものでしょう。

例えば私は、夏目漱石の『坊っちゃん』を小学生に二日間で音読破させているのですが、『坊っちゃん』は強いテキストです。ですから私の授業の良し悪しよりも、漱石のテキストの力が非常に強いために忘れられないものになるのです。

今の教育では、「子どもの力を引き出す」という名のもとに、強いテキストと子どもを出会わせる授業が減っています。

読売教育賞という教育界の中では伝統のある賞があって、各教科とか児童生徒指導などの部門ごとに一人ずつ選考委員がいます。たまたま私はその国語教育部門の選考委員なのですが、文部科学省が「『話す』と『聞く』を大事にしよう」と言うと、本当に「『話す』と『聞く』」だけの視点になってしまうのです。

最近は、テキストと子どもが出会うことを重視している授業というのが本当に少なくて、授業というものの構造が見失われていると思うのです。

◆みんなに共有してもらいたいテキスト

授業というのは、元来、テキストをめぐって行われるものです。教材が最重要の価値を持っていて、子どもたちがそこから様々なことを学ぶ、その手伝いを教師がするのです。
このように価値のあるテキストや教材に対する強い思いというのが、最近失われてきているると実感しています。

今回の「いじめ」の授業をするにあたっても、テキスト選択に重きを置きました。
いじめをテーマにすればどんなテキストでもいいということではなくて、このテキストがあるから授業ができるという強いテキストを探すのに時間をかけました。

これがもし『「葬式ごっこ」八年後の証言』という本がなかったとしたら、新聞記事だけで授業をすることになったかもしれませんが、これはないよりはいいのですけれど、子どもたちが自分のものとしてとらえるような授業はできなかったでしょう。

新聞記事を読んで「こんなひどい事件があったんだよ」と言うだけでは、子どもは「ひどかったと思います」「自分もいじめにあったことがあります」「こういうことは二度としてはいけないと思いました」という感想文くらいしか書けなかったでしょう。

ところが、岡山君の「傍観者なのに当事者」という独特な視点、しかも何年かたって冷静に思い返しているというスタンスで書かれたものなので、心に深く入ってくるのです。

こういう強力なテキストを、もっとみんなで共有したいものです。もっとみんなに読んでもらいたい、共有してもらいたいというのが、私がこの本を作ったきっかけでした。

この本を、全国の小中学校でテキストとして配布してもらって、一時間くらい授業をやって欲しいと思います。

岡山君の文章を先生が朗読してもいいですから、それについて感想を書くだけでも大きな違いがあります。心に一つのきっかけが生まれるのではないでしょうか。

テキストをめぐってのやりとりがなければ、私の話で終わりということになります。それでは授業になりません。今回の「いじめ」という大テーマに関して、今までみんなが共有するテキストが確立していなかったのが不思議なくらいです。

◆テキストに出会って自分自身と向き合う

「傍観者としての当時者」というのは、自分はやった側ではないけれども、それを止めないで見ていた傍観者も同じ当事者なんだということです。

これが、この本を貫く一つの柱です。

こうした強力なテキストを読むことによって、子どもが気づいて考えて感想文に書いてくれたということは、とても大きいことです。人の心を揺り動かして、自分自身の気持ちを素直に見つめ直すためには何か出会いが必要なのです。そういう出会いがないと、自分自身には向き合えません。自分自身と向き合うということは疲れることですから。

その出会いの衝撃が、自分の心の中の言葉を引きずり出すのです。特に今回は「傍観者としての当事者」という自覚を呼び覚ますきっかけとなりました。

今の社会における「友だち力」の薄さの中で、傍観者でいようとすることによって、何かネガティブなパワーを発揮してしまうのです。学校でも家庭でも、そこに存在している限り「僕は関係ない」「私は関わりがない」ということはあり得ないことなのです。それが今回、クラスの力学の中ではっきりしたということです。

鹿川君の事件は遠い事件ですから、「遠くて実感がない」とか、「極端な事件だと思う」とか、「自分たちの学校にはない」などという感想になってもおかしくないのですが、実際は違いました。

岡山君のテキストが強く共感できるものであったことによって、「当事者意識から逃れられなくなった」のです。自分の意識に一本釘を刺されてしまったような感じです。

今まで、テキストというものをまじめに選定してこなかった怠慢《たいまん》というのが、教育者側にもあったかもしれません。

いまだにいじめが蔓延《まんえん》しているのは確かですから、そこに積極的な授業を行うモデルとして、今回の授業を取り入れてもらえればと思います。

②言われて嫌だった言葉

◆嫌がらせの言葉

二〇〇〇年十月に千葉県市原市で、いじめが小学校三年生から六年間続いた結果、ついに中学三年の女子が自殺するという事件がありました。

その女の子は「お前が入るとプールの水が腐《くさ》る」「臭い」というような言葉のいじめにあっていました。こうした言葉による嫌《いや》がらせは、実は大人の社会でもかなり蔓延していることです。向こうは何気なく言ったのかもしれないけれど、言われたほうは深く傷つき後々まで心に残ることもあります。

この授業を通じて、生涯にわたって嫌がらせの言葉を言わないように気をつけていくようになって欲しい、ということも狙いの一つでした。

子どもたちへのアンケートには、今までに言われて嫌だった言葉を思い出して書いてもらいました。

その言葉がどんな時にどういうふうに言われたのか、どう感じたのか、また、友だちから言われたのか、クラスのみんなから言われたのか、その他の誰かから言われたのかということも書いてもらいました。

◆最近の「いじめ」は言葉が中心

最近の「いじめ」は、お金を取り上げたり殴《なぐ》ったりするものは少なくなっていて、「うぜえ」「くせえ」「きえろ」というような、嫌がらせのような言葉が中心になっています。相手が嫌がる言葉を投げつけること。ですから、女性が男性をいじめるということも充分可能なのです。

女性が男性に向かって「臭い」とひとこと言えば充分ダメージを与えることができます。人をいじめるのにそんなに道具はいらないし、一瞬にして相手を傷つけることもできるのです。そのように友だち関係の中で「言葉」は重い意味を持っています。言葉によるダメージというのは、非常に大きいものがあるわけで、鹿川《しかがわ》君の事件もそうでした。

しかし逆に言えば、言われて嫌だった言葉を調べて、それを一覧表にしてみれば、自分が言わないようにしようという言葉のリストが出来上がるわけです。

子どもたちのアンケートの結果を分類すると、性格に関する言葉、身体に関する言葉、仲間はずれにする言葉など、ふだんつい使ってしまいそうな言葉があげられています。もしも、この言われて嫌だった言葉を全部さけてしゃべったとしたら、それは相当、友だち力が上がることでしょう。

◆言われて嫌だった言葉一覧表

【性格、環境に関することなど】 キモい　うざっ　うるさい　別に……　何か用？　ひく～　つまっ　しらける～　そんなもんか？　死ね　死んで　死んだ方がいいし　一回死んだ方がいいよ　消えろ　帰れ　家帰れ～　アホ　バカ　あいつはバカだ、バカがうつる　不良　エロいよ　エロ本　ロリコン　イナカ者　ジャマ　オタク　ファザコン　佐賀県　トリ頭　ステゴザウルス（小学校の時親がいないことで男子に）　また暴力か？（怒って追いかけた時）　使えないやつだ　知ったかすんなよ　ノリわりーなぁ　ブリッコ　自意識過剰　秘密をばらそっかなー　いしゃりょうをせいきゅう（ケンカをした時）　好きな人言えよ　おう、サブキャラ！

【身体に関すること】ブタ　猿　デブ　チビ　チビ軍　大きいなぁ（女子ではなく男子に言われた）　小さい　豚足　ブサイク　マッチョ　シンショー　おまえシンショーじゃんブルースリーに似てる　マサイ　インドネシア　男！　ニャンチュー・ニャンコロ　ポテト　野獣　ジジー　はにわ　イカスミ　くちさけ女（マスクしてる時）　毛深い　ハゲカツラ　わかめ　キャベツ　マッシュルームヘアー　あんたの髪からスズメ出てきちゃうわよ　クソメガネ　ふざけんのはお前の顔だけにしろよ　なんでおまえの顔そんなこわいの？　うっわー、菌がうつるー　触んなよ　さわんないで、菌が移る　お前のうわばきアゲハチョウの幼虫の箱の臭いがするよ　頭の上にハエたかってるよ　見てはいけないものを見てしまった（男子とすれ違った時に）　笑うとキモいから笑うな　眼鏡を取った顔がキモい　生理的にお前はうけつけない　あなたの手きもちわるい　なんでもどってきたんだ（保健室から戻ってきた時に）　声が高い、地声でしゃべってよ　弱い、女みたいだな

【仲間ハズレ】お前誰？　お前いたんだ　お前いたの？　おお、いたのか　お前には関係ないから（内緒《ないしょ》話をしていて聞こうとした時）　三人で行こう（四人で遊ぼうとした時）　あ

ーアイツが来たから、あっち行こー　あつくるしいからよってくんじゃねーよ（部活で部長に）　お前もくんの？　じゃあ、行くのやめた　こいつと一緒になりたくないよな（スポーツのチーム決めの時）　こっちくんなよ（みんなが集まっているから行ってみたら言われた）　この人、変だよね（友達に）　お前がやったんだろ？　水泳部やめろ（同じ部活の人から）　お前がいるから負けたんだ　何で本気で走んないの？（運動会の全員リレーで。走るのが遅いから）　おまえのせいで負けた（野球で負けた時）　お前がクラスの平均点下げてるんだよ　またどうせいい点でしょ（テストの答案が返ってきた時、女の子の友だちから）

【親から・親に】いるのかいないのか分からない（親から食事をしている時に）　帰ってこなくていいよ（出かける時など）　お前幼いなぁ（親に。自分の趣味を否定された）　死ね。生んでそんした、はやくでてけー（親に突然）　お前帰ってこなくていいよ（親に）　お前はそれでもお父さんの子か（テストを見せたり、勉強を教えてもらった時に）　お父さんに似ている（お父さんに似ていることを無意識にした時に母から）　いつになったら勉強するの？（親に）　人間じゃないんじゃないの（父に）

◆もっとも多いのは「キモい」と「うざっ」

言われて嫌だった言葉の代表選手は、「キモい」と「うざっ」です。「臭い」というのも、かなり決定的な言い方です。「お前のうわばきアゲハチョウの幼虫の箱の臭いがするよ」と書いた子もいます。

「臭い」とか「菌がうつる」とか「さわんなよ」とかは、身体に関することなので、直しようがない。それをあえて「臭い」「菌うつるよ」と言われると、性格が嫌だと言われるより、よほど嫌なものです。

つまり、そういう身体に関するものは意識しても直しにくいものなので、逆にそこをつくのが一番相手にダメージがあるのです。「生理的に受けつけない」というのも同じでしょう。昔は「ムカツク」、今は「キモい」とか「うざっ」ですが、こういう言葉は使っているうちに定着してしまう怖《こわ》さがあります。

「キモい」「うざっ」は、十年前ならばそれほど使っていませんでしたが、急速にはやってきて定着してしまい、今ではみんなが軽く使っています。実は「キモい」「うざっ」というのは、とても殺伐《さつばつ》とした危ない言葉です。これを使わなくなるだけでも、友だち関係が相当よくなると思いませんか。

要するに友だち関係において、いじめとかネガティブなことをしてしまう若い人は、ほぼ間違いなくこの言葉を使っていると私は確信しています。「キモい」とか「うざっ」を通って不良化していくからです。

この二つの橋を通らずしてそうなることはあり得ないという、リトマス試験紙のようなものです。この二つを使う頻度《ひんど》によって心のすさみ具合がわかるという、わかりやすい言葉です。

ですから、この授業の結果、「キモい」と「うざっ」の二つの言葉は絶対に使わない言葉に決めようということにしました。

◆嫌な言葉の使用頻度と社会能力の関係

私は以前『「ムカツク」構造』（世織書房）という本を書きましたが、昔は一日に「ムカツク」という言葉を二十回も三十回も使う子が多かったのです。かなりのパーセンテージでほとんどの子どもが「ムカツク」を使っていました。

そして、それを使っている頻度によって、その子の友だち関係力がはっきりと出てしまいました。「ムカツク」を連発する子どもというのは、すごく仲のよい同年代の子としかつきあえないのです。その子は、ちょっと外に出ると人と会話が成り立ちにくいし、授業も身を入れて聞かないというふうに、社会生活において非常に困難をきたしていました。そのように使用頻度と社会能力との関係がはっきりしていました。

それが今、「キモい」「うざっ」に変わってきているということです。

あまりにもこの二つがメジャーなので、どれくらいの頻度で使っているか、百数十人の中学生に対して聞いてみました。例えば、相手がいない時に「あいつキモいよな」「ウザいよな」と言うなら、まだ直接相手に届いてないので、あまり影響を与えていないわけです。

でも直接相手に対して言葉を投げつけた場合は影響が大きいので、「目の前の相手に向かって言ったことがあるかないか」と聞いてみました。すると、「キモい」も「うざっ」も言ったことがないという子が、たった三人しかいませんでした。

これには、絶句しました。「こんなに使っているんだ」と。この二つの言葉は「キモ」とか「ウザ」「ウゼエ」とかいろいろな変化はあるようですが、「消えろ」という意味を含んでいて相手の存在を排除するような言葉です。

生理的に受けつけないとか、煩《わずら》わしいから自分の周りにまとわりつかないでくれというのが「キモい」とか「うざっ」ということです。そういう言葉を日常的に投げつけ合っている状況があるのです。特にいじめがひどい学校でなくても、むしろ少ない学校であっても、そうなのです。みんなが言われて嫌だった代表的な言葉を、みんなが言い合っている状態です。

◆言葉を変えれば心も変わる

いじめがひどくて学級崩壊しそうになったクラスが立ち直った例があります。学校でお互いに「さん」づけ「くん」づけで呼び合うことにしたからです。「くん」づけにすると、「キモい」とか「うざっ」とかいう言葉を後に続けにくいということがあります。「○○くん、キモいよ」とは言わないですから。

このように、丁寧《ていねい》な言葉遣いをすることによって、感情までも変えていくことができるのです。昔は、家庭内でも親が子どもを「さん」づけで呼んだ階層がありました。今はもうちょっとフレンドリーですけれど。

大事なことは、「キモい」「うざっ」などが非常に軽い感じで日常的に使われているのだけれど、言われたほうは傷つくということです。言ったほうは軽いからかいの感じでも相手を傷つける、それが「いじめ」の基本的な構図なのです。

いじめでは、いじめられているほうはいじめと感じるけれど、いじめているほうはいじめと感じていないことが多いのです。「ちょっと言っただけじゃん」とか、「別に本気じゃないし」とか、「からかっただけ」というのが、いじめた側の意識なのです。そこには意識のギャップがあって、いじめには「からかう」vs.「いじめられる」という構図があるのです。「からかっただけじゃん」「あいつもわらってたじゃん」と、当事者は、いじめていたという意識があるほうが少ないのです。

鹿川君の時もそうですが、笑ってごまかすとか、ひそかに抵抗しているというケースもあるので、一見同じグループの仲間のように見えるけれど、実はいじめにあっていることもあります。

「キモい」「うざっ」という言葉も、日常的に慣れてしまうと危険なので、とりあえず、小中学生は「キモい」と「うざっ」をやめると、相当いじめは改善するでしょう。

◆「ハブく」という言葉

いじめの行動を表す言葉としては、「ハブく」という言葉があります。今回の授業で、この言葉をみんなが使っていることがわかったのですが、これは「ハブにされる（村八分）」のハブと、省略するの「省く」のハブの、二つをうまくかけている言葉なのでしょう。

例えば「四人のうち三人で何かをして一人をハブく」という状況は、よくあることです。

「ハブかれないように気をつかう」とか、「ハブくことがある」とか、そういう言葉で事態を認識していて、この言葉が妙な広がりを見せているようです。

しかし、みんなが使っているにもかかわらず、アンケートには書かれていません。「キモい」という言葉と違って、「ハブく」は行動や現象を表しているから、リストアップされていないのかもしれません。

実際には、「三人で行こう（四人で遊ぼうとした時）」としたり「あつくるしいからよってくんじゃねーよ」「お前もくんの？　じゃあ、行くのやめた」という行動や現象を「ハブく」というのです。「ハブく」「ハブかれる」という言葉が蔓延すればするほど、そういう状況が頻発《ひんぱつ》していることがわかります。

◆自分と違う個性に対する許容範囲の狭さ

昔だったら、気持ち悪いと思っても、その当人に向かって「気持ち悪い」と言うことは、あり得ないことでした。消えてくれと思っても、もちろん「消えてくれ」とは言えません。思っていても遠慮して言わないのが普通でした。仲間はずれにしたいけれど、「まあ、一緒につれていくか」というふうにしてつきあっていきました。

昔ならばこらえていたものが、今は表にストレートに出てしまっている。それに関しては反省しなくていい、みんなが使っているのだから、と思ってしまっているのです。

「キモい」「うざっ」というのは、昔の言葉ではどんな言葉に当たるのかというと、ぴったりした言葉は見あたりません。こういう種類の短い言葉はなかったように思います。最近作られた言葉で、「ムカック」という言葉が出てきた時にもビックリしたのですが、それよりさらに進化して、短くて強い言葉「うざっ」になってきました。

「くさい」は、さらに強烈な言葉です。中学生くらいで女の子にも「くさい」と言われたら、あまりにもショックです。

ある程度の進学校でも、ものすごい「いじめ」があります。何らかの理由で、そういう対象にされてしまうと、ストレス解消の餌食《えじき》になってしまうようなところがあるのです。

また、いじめられる子というのは、何かみんなとちょっとずれたところや、違った個性があるから標的にされやすいわけです。「ちょっと違うところもあるし」というように感じて他の子も手助けしなくなってしまいます。

最近の子どもたちは、人とちょっと違う個性に対する許容範囲が非常に狭くなっている、と強く感じます。自分とだけでなく、自分たちの集団とちょっとずれているだけなのではないでしょうか。髪形がずれている、話し方がずれている、表情がずれている、あらゆるものがちょっとずれているともう受け入れられないのです。

ですから、とても狭い、振り幅のないところで、お互いに選別し合っているということがわかります。そんな細かいことを気にしてどうするんだと言いたくなるほど、視野がめちゃくちゃ狭い。もっとタフに、物事を大局的に見て欲しいと思いますし、いろいろなものを見て回ったりいろいろな人の生きざまを知ったりして視野を広げて欲しいものです。

また、いじめる側に回る理由として、ちょっと違うものに対してその違いを拡大して排除することによって、自分のポジションを確定させようとしている面もあります。

その場合、排除する側に回ってしまえば安心です。力関係的に上に立っていることで、自分のポジションを確保できるからです。そうやって、いじめの力関係が作られていくのです。

◆生理的嫌悪感を理性でおさえる

私は「ムカツク」という言葉の定義として、瞬間的にわき上がるやり場のない生理的嫌悪感、と定義しました。このような瞬間的な生理的嫌悪感というものが、今の時代はむしろ肯定されてしまっているのです。

現代は「感性の時代」と言われていますから、「生理的な感覚だから仕方がない」と堂々と言う人が多いようです。私はそれは悲惨《ひさん》なことだと思います。感性がいけないということではないけれど、好き嫌いですべて決めていいんだということにはなりません。自分の感性的な嫌悪感で相手を嫌ってはマズイ。「理性」を働かせるのが大人の対応です。

自分は髪が長いのが生理的にダメだとしても、それを表に出すと、それは自分の人間性の未熟さを露呈《ろてい》することになるわけです。自分の好き嫌いで相手を判断してしまうことは恥ずかしいことでもあります。

でも今の時代は、「好き嫌いこそが最大の基準」、ましてやそれが生理的な嫌悪感となれば、これ以上強力なものはない。何はばかることなく「生理的に嫌い」で終わってしまいます。

これが、女同士、男同士、女と男の関係、あらゆる人間関係で、生理的嫌悪感にもとづく闘いに発展してしまいかねません。

◆排除される落とし穴

では、生理って何？　ということになります。

石は食べられないけれど肉は食べられるというのが生理です。しかし、友だち関係で言われている生理というのは、ほとんどが極端に狭い範囲の好き嫌いの世界ではないでしょうか。そういうものは生理と言わないのです。

大変狭い生活習慣があって、それと違う生活習慣を持っている子がいたら、それでもう「ハブいて」しまう。例えば、会話ののりが悪いとか、つきあいが悪いとか、勉強を一生懸命やっているとか、自分とちょっと違うともう排除されます。

排除される瞬間というのは、実はたくさん落とし穴があるのです。ヘアスタイル、食べ方、顔の表情、身体つきとか、すべてが落とし穴になっています。みんなが十個くらいの落とし穴に落とし合っているような感じです。まるで地雷原《じらいげん》を歩いているようなものです。

誰かをいじめている者がいるから、そのグループから離れようとするとなると、あいつもやっちまおうぜとなってしまう。グループにいても離れても、どこにいても地雷を踏まないで歩くということは難しいことなのです。

例えば、クラスで積極的に動こうとすると、「あいつ何張り切っちゃってんだ」という感じで浮いていきます。まじめさを基本的に否定するところから始まって、まじめにやっている人間や、のりの悪い人間を陥《おとしい》れていく。陥れるための、たくさんの落とし穴が用意されているのです。

◆友だち関係の加減のわかる友だち力のある大人へ

中学生というのは、好き嫌いとは逆の方向に人間関係を広げていかなければならない年齢だと思います。

子ども同士というのは、小学校低学年くらいまでは、好きだ嫌いだで喧嘩《けんか》していてもいいけれど、中学生以降は、そういうことを卒業する時期です。好き嫌いを言っていたのではダメなのだということを学ぶ時期であって、もう喧嘩して殴ったり蹴《け》ったりできない年頃です。

中学二年くらいになると、自分が苦手《にがて》と思っている人とも、一応スムーズにやりとりできるような、友だち関係の加減がわかるようになって欲しいと思います。それは、大人になる第一歩なのです。

でもそれが身に付かないまま二十歳を超えてしまう人もたくさんいるのではないでしょうか。

「キモい」「うざっ」「生理的に受けつけない」という言葉とは、やはり中学あたりでさようならをしないと、あっという間に二十歳になってしまう。そうすると、できる関係も限られてきてしまいます。

まともな大人からは相手にされませんし、家族の中では通用しても、外に出ると通用しません。

家族というのは特別の関係で、あらゆることを許し合うという特殊な関係です。そこではコミュニケーションということが共通の仕事になっているわけで、何か社会的な役割とか能力で存在が許されているわけではないのです。最初から存在を許される関係性にあるのが家族で、これは人間関係の中でも特殊な関係でしょう。

しかし他の場合には、社会的な力というものを軸《じく》にして自分が存在するポジションを得ていくということなので、そのポジションを得ることができない場合には、非常に精神が不安定になってきます。そうなると、プライベートな友だちくらいしか拠《よ》りどころがなくなってきます。

「キモい」「うざっ」を使ってしまったところから、よくない友だち関係の第一歩が始まったのだから、「キモい」「うざっ」を使うのをやめることが、大人の社会能力、大人の友だち力を作るための最初の一歩になるのではないでしょうか。

③アメリカの女性教師が編み出した人種差別を考える実験授業

◆差別意識のない人間を育てるために

今回の授業では、『青い目　茶色い目　教室は目の色で分けられた』というタイトルの番組（一九八八年四月にＮＨＫ特集「ワールドＴＶスペシャル」で放映）録画の一部を見てもらいます。

これは、アメリカで一人の女性教師が行った人種差別を考える実験授業をめぐるドキュメンタリーです。

ジェーン・エリオット先生が初めてこの授業を試みたのは一九六八年の四月のことでした。そのきっかけとなったのは、人種差別を廃して黒人の選挙権を求める公民権運動の指導者として有名なマーティン・ルーサー・キング牧師の暗殺でした。人種差別については、常日頃から話し合ってきたけれど、もっと徹底したやり方でこの問題を扱おうと決心した、とエリオット先生は語っています。

エリオット先生の小学校のあるアメリカのアイオワ州ライスビルは、住民全員が白人です。そうした人種差別が表立って出てこない環境の中で、人種差別を身近なものとして捉え、差別意識のない人間を育てるにはどうしたらいいか、ということでこの実験授業を始めたわけです。

ビデオに記録された実験授業は一九七〇年二月二四日の火曜日に行われました。その実験授業とはどのようなものであったのか、簡単に内容を紹介しましょう（ウィリアム・ピータース著、白石文人訳『青い目　茶色い目――人種差別と闘った教育の記録』〈日本放送出版協会、一九八八年〉をもとに以下、まとめます）。

◆『青い目　茶色い目』――教室は目の色で分けられた――A Class Divided

火曜日　朝

エリオット先生は子どもたちにある提案をします。

先生「合衆国の大きな町やいろんな所で、肌の色の違う人はどう扱われているかしら？」

生徒「この世の一部じゃないみたいに扱われています」

先生「どうして？」

生徒「肌の色が違うから」

先生「肌の色で判断されたらどんな気持ちがするかわかる？　実際に経験するまでわからないでしょう」

「試しに目の色で人を判断してみましょうか」

「先生は青い目だから、青い目の人が上の立場ということにしましょう」

「青い目の子のほうが優《すぐ》れているってことよ」

エリオット先生の提案は、青い目を持つ子と茶色い目を持つ子に分けて、青い目の子のほうが優れたよい子、茶色の目の子はダメな子というふうに差別的に決めて、その日の学校生活を行っていきます。

先生「青い目の子だけ五分よけいに休み時間がとれます」

「茶色い目の子は水飲み場を使わないこと」「それに青い目の子と遊ばないこと」

「茶色い目の人はこのスカーフを着けなさい」

「では一二七頁、みんな開きましたか」「ローリーがまだね」

青い目の生徒「茶色い目だからだ！」

先生「そう、茶色い目だから遅いのね」

2004年10月29日　千代田区立一橋中学校での一回目の授業
『青い目 茶色い目』のビデオを見ている

エリオット先生は、かなり手厳しく茶色い目の子を差別し制限していきます。さらに、
先生「昼食は青い目の人から先に」「茶色い目の人は、お代わりをしてはいけません」

「なぜかしら」

青い目の生徒「頭が良くないから」「欲張りだから」

子どものほうも、だんだんと差別意識を持つようになっていきます。

火曜日　午後

子どもたちは、目の色の違う仲良しの友だちとも遊べなくて、だんだんと嫌な気分になっていきます。
午後の休み時間にラッセルとジョンが喧嘩をします。原因はラッセルが「茶色い目！」って悪口を言ったから、ジョンが殴ったのです。
先生「何があったの」
ジョン「ラッセルが悪口を言ったから殴ったんだ。『茶色い目』って」
ロイ「青い目の子はいつもそう呼ぶのよ」
先生「『茶色い目』って呼ばれることのどこが問題なの？」

ロイ「バカだって言われているみたいで——うまく言えないけど」
レイモンド「黒人を『ニガー』って呼ぶのとまったく同じことさ！」
先生「それが殴った理由なのね？　殴ったら気がすんだ？」
ジョン（首を振る）
先生「ラッセル、『茶色い目』って呼んだら、気分が良かった？」
ブライアン（割り込んで）「茶色い目だからだろ」
先生「それだけかしら。昨日は『茶色い目』なんて呼ばなかったわ」
生徒「スカーフをつけたからだよ」
　子どもたちはたった十五分でまるで別人のようになってしまいました。
昨日まで仲良しだった子どもたちが、悪意に満ちた差別をするようになったのです。

水曜日　朝

　エリオット先生は、昨日とは正反対の提案をします。
先生「昨日、青い目の人のほうが偉いと言ったのは、実は間違いでした。本当は茶色い目の人のほうが優れているのです」

「ラッセル、眼鏡は?」

ラッセル「忘れた」

先生「あなたの目の色は?」

ラッセル「青」

先生「茶色い目のスーザンは、眼鏡を忘れませんでしたよ」

「茶色い目の人はスカーフを取って、青い目の人に着けてあげなさい」

「茶色い目の子は五分間よけいに休み時間がとれます」「青い目の子は遊び道具を使わないこと」

「茶色い目の子と遊んでもいけません」

「茶色い目の子は青い目の子より優れています」

立場を全く逆転させ、今度は茶色い目の子をほめて、青い目の子に差別的な発言をしていきます。

そして、火曜と水曜と二回、簡単なテストをして結果を比較してみます。

そうすると、茶色い目の子どもたちは、一日目には五分三十秒かかりましたが、同じ問題を二日目にはわずか半分以下の時間で終えました。優れた人間であるという意識が、子どもたちの能力を高めたのです。

一方、青い目の子どもたちは、一日目は三分三十秒だったのが、二日目は四分十八秒もかかりました。差別された意識や嫌な気分がやる気に反映したのでしょう。
先生「遅くなったのは何のせい？」
青い目の生徒「スカーフのせい」
先生「今日は嫌な日だったわ。先生も青い目だもの」
青い目の生徒「僕も」
先生「これは『差別』という汚らわしくて、不愉快な言葉で言い表せることなの」
「こうして人を分け隔てるのは公平なこと？」
生徒「いいえ」
先生「そう、だから嫌な日なのです」

水曜日　午後

先生「青い目の人は、今日何がわかった？」
青い目の生徒「昨日の茶色い目の人の気持ち」
先生「それはどんな気持ち？」

青い目の生徒「鎖につながれた犬の気分」「牢屋に入れられて、鍵を捨てられちゃったような感じ」
先生「目の色で差別していい？」
生徒「いいえ」
先生「肌の色が黒か白か黄色か赤かで、人を区別しますか？」
生徒「いいえ」
先生「いい人か悪い人か、肌の色でわかりますか？」
生徒「いいえ」
先生「スカーフを取りましょう」「スカーフをどうしたい？」
生徒「捨てたい」
先生「そうなさい」
先生「目の色は人間の中身と関係ある？」
生徒「いいえ、先生」

◆人は潜在的に差別やいじめをする危険性を持っている

『青い目　茶色い目』というビデオは、実験授業の成功例ということで、私が大学の授業で長い間教材として使っていたものです。

エリオット先生の授業というのは大変な工夫があって、普通、差別はいけないということをいろいろなかたちで教えるわけですが、それを実体験させて身に染み込ませるというかたちをとっています。そこが一番難しいところなのですが、このエリオット先生は非常に大胆《だいたん》な手法をとりました。

まず、教室を二つに分けて、片方がもう片方を差別する構図を先生が先頭に立って作り、差別される側の気持ちを味わわせます。また、立場を逆転させてやってみて、両方に差別される側の気持ちを味わわせます。そして最後に、その時のすごく嫌だった気持ちを一生忘れないで差別しない人間になろう、というメッセージを伝える授業です。

「A Class Divided」という原題がついていて、「分けられたクラス」という意味です。

その地域はアイオワ州のライスビルというところで、たまたま白人だけの町でした。それで、分ける基準は、肌の色ではなくて目の色にしています。

目の色で差別するという発想は誰にもないのですが、それなら肌の色で差別するのはおかしいというメッセージがそこには込められているのです。そのような何げない指標でも、そこに差別が発生してしまうと、どんどん増幅してしまいます。

子どもたちは純粋で無垢《むく》ないい子たちなのに、先生がそれを言い始めたとたん、別にいじめろとは言っていないのに、積極的にいじめるようになってしまいます。そこが大事なところです。

人間というのは、こんなに潜在的に人をいじめてしまう危険性をみんな持っているのだということを見せつけた授業でした。放っておくとやってしまうということなのです。

もし差別を助長するような構造が社会にあれば、あるいは親がそう言っていれば、子どもたちはみんなそれを真似していくでしょう。よほど強い気持ちを持たないと、人を差別したり、いじめたりしてしまう。それを明らかにした実践《じっせん》ビデオなのです。

これは、二十分程度のものですが、非常に強烈な印象を残すビデオです。強烈なのですが嫌な感じではなくて、こんなことがあり得るんだというショックがありました。ですから、日本のテレビ番組に慣れてしまっている子どもたちにもインパクトはあると思います。テキストとしては非常に強力です。

いろいろ考えさせるテーマを含んだビデオなので、見終わったあとに感想文が書きやすいし、ディスカッションさせても一通りの意見が出てきます。「あれはビックリした」とか「あれはひどすぎる」とか。

そういう感想が引き出しやすいものなので、テキストとしての喚起力《かんきりょく》、気持ちをかき立てる力というのが非常にあります。

2004年11月12日　千代田区立一橋中学校での二回目の授業（上・下とも）

「ハイタッチ」をするとコミュニケーションは順調

◆子どもに強烈な印象を残す授業

授業ではこのビデオを見たあとに、子どもたちに感想文を書いてもらいました。

Oさんは「他人から言われたことで自分の気持ちが変わる。『言葉』というのは、知らないうちに『差別』へとつながる」と書いています。

また、ビデオの子どもたちが言った「牢屋に入れられて、鍵を捨てられちゃったような感じ」を引用した子が多かったようです。

Mさんは「この先生は、とても素晴らしい先生だと思う」「先程《さきほど》までいじめという暗い話題をテーマにしていたので、このような前向きな話題がきけてよかった」と。

この授業は、最後に一つになって、「自分たちはファミリーのようなものだ」と言って終わります。

そしてさらに、この子どもたちが大人になってから同窓会のようなものを開いて、もう一度その実験授業のビデオを見直して感想を述べるというフォローもしました。十四年たって完全に大人になった人たちが、ふりかえってどう考えるかという感想を述べる同窓会をやっているのです。そうすると、みんな強烈に昨日のことのように覚えていて、その授業があったことを誰一人忘れてはいませんでした。

「あなたはあの時にああ言ったわね」という言葉の一つ一つまで覚えていて、その時の気持ちをすぐ引き出せます。十四年も前の話なのに「実はあの時は」というように思い出せるのです。

この授業が、子どもたちに大変強烈な印象を残しているということも証明されました。なおかつ、その後の十四年の間に差別意識はどうだったかということについてもチェックすることができました。

「エリオット先生の授業を受けたおかげで、自分は明らかに他の人より人種差別意識が少ない」という発言や、そういう意識に気をつけているというような発言がなされています。

◆この授業の意図は何か

この授業は、ただインパクトがあるだけでなく、効果的でもあるということ。それも十年二十年にわたって効果を発揮《はっき》する授業であるということが、まず一つのポイントです。もう一つは、その授業の中に自分がいたような臨場感《りんじょうかん》をもって見ることのできるビデオになっているということです。

ただ授業のドキュメントというのではなくて、実際に授業を体験する感覚が持てるように作られていて、テキスト性の高い、効果のある教材です。

人種差別というものと、いじめというものは、普通は離れていると思います。いじめというのは個人的な問題で、差別というのはもっと社会構造的な問題であると一般的には考えられています。

しかし、その根っこの部分では、誰かを低く見たり、誰かを排除することによって、自分のポジションを安泰《あんたい》にしたり、あるいは気分を楽にするということ。そういう意識においてはつながっているものと、私は考えています。

ですから、こういう授業を日本でやることによって、差別やいじめはきっとなくなっていくと思います。

子どもたちの作文でも、「差別といじめというものを地続きで考えられるようになった」という感想が述べられていました。

①強烈な刺激を与えることで人間の意識というのはいかに簡単に動いてしまうのかということ。②あるいは、強烈な体験が反省の材料になってその後の意識は変わっていくということ。③それとともに、いじめと差別というものが地続きになっているということ。これらが、この授業を通じて子どもたちに伝えたかったことです。

◆いじめられる気持ちを体験してみる

Aさんは「いじめとかは『やめろ』のひと言でおさまるものじゃないし、みんながこういう経験をすることで、お互いの気持ちがわかるから、すごくいいと思う」「いじめられる側の気持ちがわかれば、いじめは減っていくと思う」と感想文に書いています。いじめを受ける側の立場に立つということが、いじめる意識をなくす一つの対策になるだろうと言っているのです。

Mさんは「先生の言葉一つで違う色の目に対して態度があんなに変わってしまうなんてびっくりした。人種差別をされてる立場になるあの授業の力はすごかった」。

K君は「このような授業だと、差別される人々の気持ちがわかり、『差別ってこういうことだ』とか『差別されるとこんな気持ちになるんだ』ということがわかります」。

Tさんは「たったの二、三日間で、差別がどんなに悪いことか、また、この社会から差別をやめようとする考えがあらわれてくるということは、差別をされると、どれだけ心にキズをおうかがよくわかった」と書いています。

いじめられる側の立場、差別される側には、普通はなかなか積極的に立てないと思います。しかもこの授業では、差別する側と差別される側が、実験的にぱんぱんと入れ替わります。その変化が普通ではありません。

いじめというのは、もっとねっとりと長時間かけて行うケースが多いと思います。ところが、この実験授業ではオセロのように白黒が入れ替わってしまう。そうすると、人間というのはこんなに簡単に差別意識を持つようになるのだということがはっきりとわかるし、いじめられている側の気持ちというのも子どもの表情や言葉からとても強く伝わってきます。

つまり、差別された側の気持ちを疑似《ぎじ》体験できるようなテキストになっているのです。

◆追体験プラス想像力が大事

Sさんは「人は経験しなければわからないものだが、私は弱い人のことがわかる人間になりたい」、そして「一回いじめられるとその暗い気持ちがわかる」と書いています。

ここで大事なことは、自分が体験してみないとわからないということと、それにプラスして気持ちを疑似体験する時に働く「想像力」です。つまり、自分はあの授業を直接受けたわけではないのだけれど、自分がそこに入り込むことによって、自分がそういう差別を受けたという想像力が働けば、それが一つの体験になっていくということです。

もちろん自分が体験することも大事ですが、人間に一番大事なことは「想像力」だと思います。自分がきつくいじめられたことがなくても、こういうビデオを見たり、悲しい映画を見たりすると、それが一つの体験になってしまう。それが「学習能力」というものではないでしょうか。

ですから、「自分はいじめられた体験がないからわからない」というように、体験がないからわからないというスタンスに入らないように。

もちろんこの授業も実体験なのですが、実体験だけを重んじると、自分が体験しないことは、どうせわからないというふうになって開きなおってしまうケースが多い。「僕、いじめにあったことないし、やったこともない」で終わってしまうのです。

こういう貧乏な人がいて、と言うと、「俺《おれ》は別に貧乏じゃない」とか、そういう対応をすると話が続かない。これが想像力に欠けているということです。こうした開き直りの態度は、昔は恥ずかしいものとされていたのですが、今はノーマルに認められているようです。しかしぜひ想像力を働かせて欲しいと思います。

◆言葉が感情を育てる

私は、『声に出して読みたい日本語』（草思社）などでも紹介した中原中也の「汚れっちまった悲しみに」とか、誰かが死んでしまった時の詩などに、子どもの頃から触れることが大事だと思っています。

「わたしのまちがいだった／わたしの　まちがいだった／こうして　草にすわれば　それ

がわかる」という八木重吉の詩なども、立っていると人を批判したくなるのだけれど、草に座ってみると自分に向き直ることができるという深い気持ち、大人の感情を表しています。

そういう感情というのは、このような言葉が育てるものなのです。ですから、感情がないからわからないというのではなくて、また経験がないからわからないというのでもなくて、むしろ、言葉というものを通じて感性を育てるという順番なのです。私は、そういうことを重視しています。

実は感情というのは文化なのであって、生まれつきの感情というのは頼りにできません。人の悲しみを自分の悲しみとするような感情、あるいは自分の心に向き合って自分の悲しみにとけ込んで味わっていく、そういうメンタリティー、心のあり方というのは、文化的なものなのです。

それを習得していくためには、そういう心のあり方を持っている人が残した言葉を手がかりにして学習していく。すなわち、感情というものもまた、学んでいくものなのです。ですから、「勇気」というのも心の張りであり、一つの感情です。そういうものはお手本がないとなかなか出てこないものなので、今の時代は「勇気」というものが出てきにくいのではないでしょうか。

「正義」というのも同じで、「正義感」を高めるには、正義感あふれる内容の伝記とか物語を読むと盛り上がってきます。また、恋に対するあこがれというものも、詩を読んだりしながら、感情を耕《たがや》していくことができるわけです。

◆日本が枯渇させてしまった「感情の潤い」

今、日本が二十～三十年かけて枯渇《こかつ》させてしまったものは、そういう種類の「感情の潤《うるお》い」だと思います。

ですから、「冬のソナタ」のようなドラマは、そういう感情の潤いをベースに作っているので、日本で人気があるのです。ロマンチックな淡い恋などがわかりやすく描かれていて、日本に欠けているものが全部入っているからなのです。

今の時代、日本ではどちらかというと結果だけでいいじゃないかという風潮が強いので、むしろプロセスを大事にして、相手を気遣った言葉を投げかけるような心の優しさが好感を持たれているのでしょう。

これはキムタクとペ・ヨンジュンの違いだと思います。もちろん当人の性格ではなく芸風としてですが、キムタクは切れるのを特徴としていて、ワイルドさがたまらない魅力の芸風だとしますと、ペ・ヨンジュンは、非常に丁寧《ていねい》に言葉をつくしていて感情の潤い、情緒がつまっている。視聴者に、「ああ、昔の日本にはこういうものがあったのに」という感情を呼び覚まして、ブームになったのでしょう。今はなき日本ということで、人気を得ているのです。

感情というものは、ほんの二十年くらいで枯渇するものなのです。いろいろな資源と同じように枯渇します。私たちが継承《けいしょう》しなければダメになってしまう。

最近の漫画も結構きつい言葉の量がふえてきて、言葉の面から言うとかなりすさんでしまっている気がします。暴力的なものとセックスものがほとんどですから。ドラマや映画でも、鋭利《えいり》な、人を傷つける可能性のあるような言葉を投げつけることで、ワイルドさを強調して、その人間の魅力にしてしまっているところがあります。日本では、そういう傾向がずっと続いてきたのです。

今では、宮沢賢治の『銀河鉄道の夜』のような丁寧な会話はあり得なくなっています。子ども同士の会話も、非常に殺伐《さつばつ》としてきていて、言葉に潤いがないように感じます。今回のようなビデオを見たり、物語を読んだりすることによって、自分が体験しなくても、想像力を働かせて疑似体験することによって、感情を耕していって欲しいと思います。

S君は「目の色で子どもたちを分けると、こんなに短時間で醜い争いになるとは思わなかった。このビデオを見ていると、まるですごく小さくなった世界のような感じがした」

「それにしても、これだけ変わるという事にとても驚きました」と書いています。

子どもの感想文には、かなりびっくりしたという感想が多かったようです。こんな小さい世界での実験でも、こんなにも変わってしまうのか、というインパクトが強い、みんなの心の中に残る実践でした。

◆授業全体についての子どもたちの感想

最後に、この授業全体についての子どもたちの感想文から、いくつかご紹介します。

「やっぱり『偏愛《へんあい》マップ』が一番印象にのこった。『あっ、こんな事が自分は好きだったんだ』と、今まで気づかなかった『自分』に気がついた」(Oさん)

「言われて嫌だった言葉一覧で、けっこう言ってしまっている事があってびっくりした。なにげなく言っていることで、相手はそんなに気にしていないと思っていたけど、すごく気にしているんだなと思った」(Nさん)

「自分の一言がどれだけ人を傷つけるかを痛感《つうかん》し、言葉には気をつけようと思いました」(O君)

「僕はいじめられたことがなかったので、いじめられている人の気持ちがよくわからなかったけど、この授業を受けて少しわかった。これからは、いじめられている人がいたら、

気づかってあげられる人間になりたい」（M君）
「今回の授業の中で特に印象に残った事は、いじめの事について書いた新聞記事です。最初見た時は、ざんこくだなーとか、かわいそうだなーという軽い気持ちでしたが、やっていくうちに、その人の苦しみなどがわかってきて、すごく寂《さび》しい気持ちになりました」（K君）
「こういう授業を続けていくことによって、死ね、うざい、などの人をきずつける言葉をへらすことができるということ」「あと、この授業は大学、社会人の人にも受けさせると、社会でのいじめなどがなくなると思う」（T君）

第5章

「友だち力」の獲得は早ければ早いほどよい

◆人間関係の距離を積極的に縮める「友だち力」

欧米やアジアの人間と比べた時、日本人が苦手《にがて》にしている力は、初対面の人と一気に距離を縮める力ではないかと思います。

また、よそ者と感じる人に対して自分から積極的に関わる力。自分がよそ者的なポジションにいた時に、すでに出来上がっている集団に対して、自分から積極的に関わって早くうち解けていく力。こういう力が日本人は少し弱いのではないでしょうか。

それらはみな、「友だち力」と言えるでしょう。

第2章でも述べましたが、私は、子どもたち三百人ぐらいを集めてやっている私塾で、グループピングゲームというゲームを頻繁《ひんぱん》にやらせています。このゲームは、まず全員がバラバラに別々の方向に歩き、私が「男女合わせて七人」と言うと、言われたように七人集まったところから座っていくというゲームです。

このゲームをやっていくと、いくつか問題が出てきます。

まず、それぞれが別々の方向に歩くということができない子どもが、かなりいる。何人かずつつるんでしまって、一人一人に分かれることができません。分かれることができないグループが何個もできてしまうと、結局この、人数を決めてグループを作って座るというゲームが成り立たなくなってきます。

例えば、「五人集まれ」と言った時、六人がつるんでいると一人抜けなければなりません。その抜ける一人になれる子が少ない。自分が仲間はずれになったような気持ちになるからです。

これは、もしトータルの人数を五で割ると三人が余るとしたら、三人が残った時点で完了、というゲームなのです。ですから誰かが必ず残るわけで、自分から積極的に抜けていける子がいないと、六人がずっとにらみ合っていることになります。

ひどいケースでは、二人でつるんでいる子が多いので、三人一組という時に、二人、二人、二人でにらみ合ってしまって、何秒もかかってしまいます。

普通百人を超える人数を、二十秒くらいから二十五秒でグループ分けして座るようにするのですが、最初は二分たっても三分たっても終了しません。それは、誰もそこで一歩踏み出さないからです。

あるいは、グループ全員が女の子になってしまったり、最後に男だけが八人くらい残ってしまうこともあります。そうすると、「男女合わせて」という条件を満たせなくなってしまいます。男だけでにらみ合ってしまった時、誰か女の子が代わってあげなくてはいけないわけですが、代わってあげる子が出てこないのです。

◆異質なものと積極的に関わる力

男性と女性という観点から見た時に、現代の子どもたちの世界は、中学生、高校生の世界もそうですが、意外なほど男女の区別に関して無意味な壁を設けている感じがします。

今回の千代田区立一橋《ひとつばし》中での授業でやった実践でもそうだったのですが、男子と女子の区別が激しくて、「話が合わない」とか、「男女交じってやるのが苦手だった」という感想が実にたくさん出てきました。

現代においてもまだ男女の壁があるのか、というよりも最近そういう傾向になってきたと感じます。

小学生を見ていてもわかるのですが、男女を区別する意識は、かつての昭和三十年代くらいよりもずっと強いようです。男の子と女の子が放課後自然に遊ぶということがほとんどなくなってきているのが現状です。

このことから見ても、自分と異質なものに対して積極的に関わる力が全体的に衰《おとろ》えている、あるいは弱いと言わざるを得ません。

別に日本人が昔からこうした力が弱いとか、本性からして弱いとかいうことではないと思います。しかし、あまりにも同学年の同性とばかりつきあって、幼少年期から大学生になるまでを過ごしてしまうために、大人になってからもその癖《くせ》が抜けないのです。異性と恋愛関係以外でも自然につきあったり、あるいは異年齢の人と自然につきあうことができない。そういう自分と異なるものとの友だち力や、距離のとり方というのが練習されていなかったり、訓練されていないということでしょう。

◆友だち力の獲得は早ければ早いほどいい

そのような友だち力を獲得するのが早ければ早いほど、人生の実りは大きい。

そういう力を育《はぐく》めるような家庭環境に育った場合は、これが幼少期に完成されます。そうすると、その子どもというのは、小学生であっても、下手な中年男性よりも、ずっと友だち力があるのです。

どこに行ってもすっと人と交われる。やりとりや応答の仕方もうまいので、その輪の中でかわいがられる。かわいがられるというのは、子どもとしてちやほやされるということではなくて、自然にかわいがられるということ。大人っぽくしなくても、ちゃんとした応答ができる子どもというのはいるものです。

友だち力がある子どもというのは、どんどんその機会を増やしていくので、外に出るのが苦でなくなります。外という意味は、自分と慣れ親しんでいる世界以外の世界のことです。そこに踏み出すことが苦でなくなっていきます。

ですから、海外旅行をしたとしても、行ったところの人たちと苦もなくコミュニケーションができるという自信があるので、どんどん行きます。私が教えている女の学生は、パキスタンに行ったり韓国に行ったり、一人や二人で気軽に行くようです。友だち力がある人ほど、出会いの回数も多くなり、交流の質も高くなる。

自分と異なるものとの出会いの経験を豊富に持っている人は、豊かな人生観を築けるわけです。それが、いい循環《じゅんかん》に入っていく例です。

逆の例というのは、今問題になっている「引きこもり」のような状況です。引きこもりは誰も望んでいない状態ですし、いい状態とは言えません。これに陥《おちい》ってしまうと抜け出せなくなることも多いのです。

その原因には、友だち力の衰えがあったり、また、そもそも友だち力をつけていないということもあるでしょう。

◆人間関係の量の少なさ、待ちの姿勢が問題

昔の家庭は、兄弟も多く、みんなで一つのちゃぶ台を囲んで、おかずを分け合うような生活をしていました。また、親戚づきあいも頻繁で、近所の人とも味噌《みそ》や醤油《しょうゆ》の貸し借りをするような関係を作っていました。

かくれんぼ、鬼ごっこを町内でやると、人の家の庭が遊び場になったりして、中庭を通ってかけずり回ったりしていました。そういう昭和半ばまでの空気では考えられないような人間関係の量の少なさが、今の時代にあります。子どもが話をする大人の数が、両親と先生だけだとか、そもそも人間同士のつながりの絶対量が少ないのです。

ふだんよく話をする大人が何人いるかというとかなり少なくて、おそらく五人を超えない子どものほうがほとんどだと思います。

では誰と話しているのでしょうか。

違う学年の子はどうかというと、学年が違っただけで話さないようです。クラスが違っ

たらどうかというと、仲の良かった子でもクラスが違ってしまったら、もう話しかけにくいといいます。

子どもの感想文の中にもありましたが、仲が良かったのにクラスが変わっただけでかなりつきあわなくなるようです。しかしそれは、置かれた状況に対して従順すぎます。置かれた状況次第になってしまっていて、自分でその枠組みを組み替える力をあまり持っていないということです。

そうなると、人と交わるようにうまくセッティングされたお見合いコーナーみたいなものならば、誰かが動かしてくれるので多少出会えますけれど、それ以外の普通の状況では、誰かがマネージメントしてくれているわけではないので、自分で積極的に動かなければ出会いはありません。

どうしても「待ちの姿勢」というのが身についてしまっています。また、自分は動かないほうが危険が少ないとか、排除されるような嫌《いや》な思いをしなくてすむとか。要するに、マイナス思考になりやすい状況になっています。

根本には、身体が反応しやすかった時代から、だんだんと対面状況において身体が触れにくい時代になってきたということ。あるいは、生活の必要上どうしても人と関わらなければならなかった状況から、人と関わらなくてもやっていける状況になっていったということもあります。

そうした社会の必要性の問題もあって、基本的に友だち力をつけなくても、やっていけるかのような、ごまかしきれるかのような時代になってきています。

◆友だち力があるかないかは三十秒話せばわかる

しかし、現実問題としては、そういう友だち力のなさというものは、一瞬にして露呈《ろてい》してしまいます。三十秒話しただけで、友だち力のなさがばれてしまいます。

人と対話をする時、友だち力のある人ならばその人との距離感を感じとり、相手のタイプを感じとり、それに合わせて話し口調を変えることができます。それも、堅すぎない口調でいくのか、きっちりした口調でいくのか、あまり時間をかけずに、瞬時《しゅんじ》に判断できるのです。

先日、日本マイクロソフト社元社長の成毛《なるけ》眞《まこと》さんとお話しした時、成毛さんは、採用試験の面接の時、受験者と一分しか話さないそうです。五分迷ったら採用しない。これは大丈夫だと確信を持った人しか採用しないとおっしゃっていました。

判断に要する時間が一分というのはすごいと思いました。その人間の持っている雰囲気を見て、コミュニカティブな人間なのか、あるいは積極的な人間なのか、ということを瞬時に感じとる。その感触を大事にしているということでした。

あまり長時間話を聞くと、かえってわからなくなってしまう。ですから、面接官四人に対して受験者一人が面接するのではなくて、一対一の部屋を四部屋作って回していくという方法をとっているそうです。たしかに一対一のほうがよく相手が理解できます。

そこでチェックされるポイントは、友だち力を中心として、変化に強いポジティブな人間かどうか、どういう状況になっても何とかやり抜いていく人間かどうかです。ですから、受験生はそうした要素をコミュニケーションの中で表現しなければなりません。

実は、その人その人の友だち力というのは、私が大学で講義をしていても、その力の差がすぐにわかるものなのです。すぐに順番をつけることができるくらいにわかりますし、また友だちの作り方を見ていると、出身地方がどこかもおおよそわかります。

例えば、九州とか沖縄で育った子には明らかに特徴があります。人間関係の作り方に温かさがあるのです。心の開き方が、ある種無防備なところがあるのですが、その無防備さが一つの魅力になっていて、パーッと開けた人物のような印象を与えるのです。

◆友だち力のゴールデンエイジと二極化

友だち力というのは、いろいろな力が結集した総合力です。もちろん両親の影響も受けますし、「友だち力」を幼少期にどうつけるかは、家庭が重要には違いないのですが、その後、人生のターニングポイントともなるべき重要な「友だち力のゴールデンエイジ」があるのです。それが中学生の時期なのです。

小学生の時期は、それなりに社会の中で過ごしやすい時期です。小学生であれば誰もがかわいがりますし、小学生だとみんなが語りかけるし、地域も応援します。お父さんお母さんも熱心に関わります。

それが、中学校に入ったとたんに、どこからも見向きされなくなる。それは、端的《たんてき》に言えばかわいくないからです。かわいくないというのは恐ろしいことでして、大人は子どもがかわいいうちは自分から関わりたくて仕方ない。ところが、子どもが大きくなってしまい、自分の世界を閉じて作ろうとした時には、親や他の大人は身を引いてしまうことがあるのです。本当は引く必要はないのですが。

こうして腫《は》れ物《もの》に触るようにしているうちに、コントロールできなくなって、中学・高校に行くにしたがって手に負えなくなったりするケースもあります。

今、勉強をする気が全くなくなってしまったグループというのが増えています。日本の子どもは、勉強する気力を持っている子と持たない子に、かなり二極化していまして、勉強する気をなくしてしまったグループの落ち込みが激しいのです。

◆中学生の時期に意識的に友だち力を学ぶ

友だち関係は、もちろん小さい幼児期にもあるのだけれど、それがむき出しになって試される時期が中学生の頃なのです。その時期に、子ども時代とはまた違う友だち関係のあり方、要するに友だちとの上手な距離感を身につけたらいいということです。人との距離感をどうつめたりあけたりしたらいいか、ということを意識的に学ぶ時期なのだということです。

それを意識的に学ぶような緊張感が中学の友だち関係にはあるので、授業にすることによって、友だち力を各人が意識化していけるために試みたのが、第4章の授業です。

考えてみると、その時期に培《つちか》われた友だち力というものは、実はずっと生涯《しょうがい》続いていき、六十歳代以降になってもう一度顕在化してきたり、あるいは子育てをする場面などにも出てくることがあります。例えば、上手に友だち関係を作れないとノイローゼになっていってしまうとか、いろいろなケースがあります。

人生がうまくいかないと感じる時の底流に、この友だち力の問題があるかもしれません。そうした時に、友だちがいないと不安だというふうに思ってしまうのも、友だち力のなさなのであって、「ほどほどの距離感が保てる」ということが大事なのです。

◆朱に交わっても赤くならず

福沢諭吉も言っています。そんなに夢中になって友だちづきあいをして、意気投合して熱く一体化するなんてことはないと。ほどほどにつきあっていると何かあってもダメージが少ないし、だからといって嫌われているということでもないと。そういう彼自身の友人関係について、「朱に交わっても赤くならずというのはわたしのことだ」というふうに『福翁自伝』の中で語っています。

普通だったら、朱に交われば赤くなるのが友だちなのですが、福沢の場合は、朱に交わっても赤くならない。一緒に遊ぶ時は遊ぶけれど、他の友だちが遊んでいても自分が勉強したければする。つきあいによって流されることはほとんどない。適度につきあっていければいいということなのです。

例えば囲碁《いご》とか、他の人が好きなものにはほとんど興味がない場合でも、横からいろいろ口出しをして楽しむとか。そういう適度なつきあい方というものを、福沢の場合はずっと持っていました。

友だちがいないわけではないけれど、生涯無二の親友というものにかなりのエネルギーをかけたということでもない。適度につきあうという友だち関係の上手さがあって、そういう意味で「ほどほど友だち力」のある人間です。

友だち関係がずぶずぶになってしまうと、結構憎しみ合ったりしてしまう場合もあります。本当はつきあいたくない人に、無理してつきあっていたために、一九九九年のいわゆる「お受験殺人」のような悲劇が起こったりもします。有名幼稚園で子どもを通じて知り合ったお母さん同士の心理的なぶつかり合いがこの事件の底流にあったと言われています。

このようにお母さん同士が、危ない距離感のもとにいる必要はないでしょう。

誰とはこのくらいつながっているとか、このくらいつながっていれば充分だろうとか。それぞれあっていいのです。毎日、つきあう必要もないし。上手な距離感を持ってその時代を生きていき、やりすごすこともあるというのが友だち力の基本です。自分で距離をコントロールできるということです。

つきあいの悪い人といい人というふうに、二つに一つと考えてしまうと、いつでも友だちでいないとダメになってしまいます。そうすると苦しくなってしまうので、そういうふうに考えなければいいのです。

◆社会で求められる友だち力

日本は、これまでは勉強の意欲や学力の点で、どの教科をとっても世界の中でトップクラスでした。それは過去の歴史を振り返ってみてもそうだったのです。江戸時代をとってみても、明治時代をとってみても、どの時代を輪切りにしてみても、世界で一番の向学心を持ち学力を維持してきました。

ところが、ここへ来て初めてトップグループから脱落という結果が出て、向学心・向上心という何百年来の伝統が崩《くず》れてしまったことがわかりました。このことは、実は小学校時代はそれほど表面化していないのですが、中学校以降の勉強に関しては、もう放り投げてしまう生徒が増えているという現実があります。

向上心を持たない人たちのグループが大量に生まれて、そこである種の人間関係を作ってしまう。そうするとそこから抜け出して立ち上がってこれなくなります。

こういう学習意欲を持たないやる気のない人たちに対して、大人はやはり冷たいわけです。話しかけない、関わろうとしない。そうするとそのグループの中だけで過ごすことになるので、いざ社会に出ようとした時に、すでに高校中退というような、ハンディキャップを負ってしまうことが多いのです。その上、それなりの企業の正社員になろうとしても、ほとんどが難しい状態です。

これは、学力が足りないという問題ではなくて、その人たちが過ごしてきた人間関係の力では、社会ではやっていけないということを明らかにしています。

自分と同じような質の、ぬるま湯的な向上心のないグループにおける関係というのは、社会においては力になりません。社会で求められる人間関係というのは、自分とは異質のものや、自分とは利害関係を異にする人たちに対して、積極的に距離を縮めることのできる力です。あるいは、利害が対立している仲を調整できる力とか、無関心の人に関心を持たせる力とか、そういうものです。

通常の友だち力よりはずっと難しい力が必要とされるのです。

◆友だち力の力量が就職試験での採用、不採用を決める

そういう友だち力を求める企業が、中学・高校時代に友だち力を全く育てなかった人を見た時に、その差がはっきりしてきます。小中高でもそうですが、大学でも、友だち力を持つ人はどんどん世界を広げているので、一瞬にして見る人にはわかってしまいます。

この友だち力の冷酷なる力量差が、実は採用・不採用を決めてしまっているのです。

仕事の種類を問わず、面接を受けた会社から内定をとるのがうまい人がいます。私が見ている限り、内定というのは職種と関係ないようです。学校の成績というよりも、もっと重要なのは友だち力なのです。

私の教え子で「内定の女王」と呼ばれた女性がいました。その人は勉強しないし、大学

にもあまり来ないのだけれど、友だち力を持っています。どんな複雑な状況におかれても、瞬間的に脳が働いて、状況が理解できるし、よけいなことは言わないし。自分から踏み込んで、その関係を自分のペースに持っていくような力を持った人です。

そういう人は、どこからも必要とされて、何個も内定がとれてしまうのです。私たちから見ると、どうかなと思うところもたくさんある人なのです。にもかかわらず、就職試験にはおそろしく強い。

どこに出しても大丈夫な、社会に適応した友だち力を持っているからでしょう。

しかし、そういう力はこれまであまり意識的に目標にされてこなかったし、意識的に育てられてこなかったということがわかりました。

◆友だち力を育てる授業とは

もちろん社会に出ている大人は友だち力が大事だということはわかっているのだけれど、それなら、「友だち力を育てる授業」というものがあってもいいではないか。友だち力とはどういうもので、自分にどれだけあるのかということを意識化させるような授業が、もっとあってもいいのではないかと私は思います。

「鉄は熱いうちに鍛えよ」ということわざがあるならば、「友だち力は若いうちにつけよ」という言葉が当てはまる年齢として、中学二年生を対象にした授業を行おうと思ったわけです。

小学生は素直ですから、教えようによっては、どの子もやる気が出ます。私は小学生向きの私塾の授業で、スクワットをやっていますが、「じゃあ、みんなでスクワットやろう」と言って五十回やると、結構疲れるので、「五十回で無理しないで止めておこう」と言うと、「でも百回やる」と言う子どもが半分くらいいます。

これが中学生に通用するかというと、そうではないのです。「やる、やる」「百回やらして」という子は、中学生ではほとんど出なくなります。そのぐらいテンションが落ちるのです。

それには、いろいろな理由があります。生物学的には生殖《せいしょく》行為に入らなければいけない年齢なのかもしれないし、そんなたるいことはやっていられないということかもしれない。大人になる一歩手前の年代なのかもしれません。

高校生になると、これはこれで授業がやりやすくなる。高校生はそれなりに落ち着いてきますので、出来不出来にかかわらず、ひと通りこういうことなんだよと言えばわかります。

◆子どもの友だち力から、大人の友だち力へ

中学生の時期に、「子どもの友だち力から大人の友だち力へ」と変化します。大人の友だち力が試されるようになるのです。

もちろん、今回の授業ですべての友だち力を身につけてしまうことを狙《ねら》っているわけではありません。

「大人として必要な友だち力」というものを、自分たちはこれから先求められていくのだという自覚を持ち始めて欲しい、というメッセージを受け取ってもらいたいのです。これが中学二年生の時期にふさわしいメッセージだと思います。

◆ニートにはまる悪循環をたつ

例えば、二十歳代前半になってニートと呼ばれるようになり、そういうゾーンにはまり込んでしまって社会と関わらないようになったりすると、周囲からは危険だとさえ見られるようになったりします。

小さい女の子どもを持つ親だったら、そういうニートの青年を見ると不安感を一瞬おぼえたりする人もいるかもしれません。それが正直なところだと思います。それがどこかの

学校に通っていて、向上心を持って生きているのであれば安心するのではないでしょうか。

しかし、ニートは「Not in Education, Employment or Training」ですから、職にも就《つ》いていないし、教育も受けていないし、職業訓練のようなものもする気がない。そうなると、向上心のないある種の若者は、周囲からは違和感をもって見られるようになってくるわけです。ですから、ここにはまり込んでしまうと、なかなか抜け出すことが難しくなってしまいます。

就職試験を受けても正式採用されないし、世間の人もうまく自分と関わるようなツールを持ってはくれないわけですから、いよいよ社会的に必要な友だち力を伸ばす機会が失われてしまうわけでしょう。

ニートにはまる悪循環というのは、当人にとっても幸せなことではありません。また、はたから見ると、好きでやってるんだろうと思われがちですが、そうではありません。好きでやっているのではなくて、そこにはまり込んでしまったという状態で、その原因は「友だち力の欠如」なのです。友だち力があればいろいろな形で現状を変えることができます。友人を作ったり、仕事を見つけたりできるわけです。

そういう社会人に必要な「大人の友だち力」が中学・高校時代に意識されないと、後から急につけようと思っても難しいのです。

◆「いじめ」や「差別」を積極的に授業のテーマにする

よく「排除の構造」と言いますが、自分と異質のものを排除していくということがあります。これは日本人に限らず、全世界的に「差別」や「いじめ」はあるわけです。

ですが、このことについても、かなり意識的・積極的に主題化して考えておかないと、何となく流れに任せて、「いじめ」や「差別」をしてしまうということになるのです。何も積極的に手を打たない場合には、その「差別」や「いじめ」の流れに与《くみ》してしまうことになります。

第4章にあるように、「いじめ」も一つのテーマとして授業をやってみたのですが、その感想文を読んでみて圧倒的に多かったのが、「自分がいじめが起こっている場所に居合わせたとしても、おそらくやめろとは言えないだろう」という意見です。

これは意外なほど多かったのです。例えば「自分はいじめたことはないけれど、そういう状況になればいくらなんでもまずいんじゃないか」というふうに、言葉の上だけでも書くだろうと思ったのですが。素直に「自分は言えない」という、正直な感想が出てきました。

現実問題として、注意すると自分が窮地《きゅうち》に立たされるかもしれない危険性がありますので、見て見ぬふりというのが一番いいだろうということで、傍観者《ぼうかんしゃ》的な態度が一般的に浸《しん》透《とう》しているのです。

これに関しては、注意することのできる力のある人が、私立中学などに行ってしまって、そういう層がいなくなってしまったとか、そういう道徳心が薄れてきたとか、いろいろな指摘があります。

要するに、事態に対してノーと言って自分から行動できる、多少の責任を負いながら行動できるというのは、かなり意識が明確で、意志が強くないとできないことなのです。

しかし、こういうテーマに関しては家庭では意識化しにくいので、「いじめをどう考えるか」という授業を積極的に行って、身体の底にしみ込むようなかたちで授業ができないかというのが、今回の大きな狙いだったのです。

◆心の中にクイを打ち込んでいく授業

友だち力がないことから起こる最悪の結果というのは、「いじめを積極的にしてしまう」という状態だと思います。

次に、「いじめを止めることができるかもしれないのに、何もしない傍観者的な態度」です。ここに属する人が多いのです。ここで言う友だち力というのは、そういう時にすっと状況を変えることのできる力のことです。

鹿川《しかがわ》君の事件に関して、ほんのちょっと話題を共有して笑い合うだけでも、命の絆《きずな》になるという言葉が出てきます。はっきりとした言葉で「おまえ、やめろよ」と言って止めないまでも、すっと何気ないひと言でいじめられている人間と心が通うとか、そういうちょっとしたことができるかどうかが大事なことなのです。

そこでひと言、「昨日あのお笑い番組見た?」とか「あれ最高だよね」とか同じ話題で笑い合ったりする。そのひと言で、その子は学校にいられるようになるのです。

人間というのは、『青い目 茶色い目』のビデオでもわかるように、想像以上に簡単に人を差別するようになってしまうものです。ある状況が出来上がってしまうと、ごく普通の子どもが、ひどい差別意識を簡単に持つようになってしまう。

日本の学校でも、いじめは沈静化しているように見えますが、実は現在もあります。複雑な人間関係の力学があって、そのために、親は今の学校から転校させることができなかったり、あるいは転校しなければいけなかったりします。転校したらしたで、転校先でまた問題が起こってしまうとか、実は普遍的にあることなのです。

ですから、「いじめ」や「差別」は積極的に手を打たなければなくすことのできない、人間が陥りやすい病《やまい》のようなものです。そこで少量のワクチンを投与することで免疫《めんえき》をつけて、いじめや差別をしなくなるようにするというのが、『青い目　茶色い目』の授業です。

今回私が行った授業も、授業という形でこういう問題をはっきりさせていくことによって、心の中にクイを打ち込んでいくという狙いがあったのです。

◆弱いところにボールを回す人間関係のセンス

友だち関係と言った時に、一対一の友だち関係もあれば、複数の友だち関係もあります。ケースバイケースで、その場の空気を読むことができて、誰が何をしようとしているのか目を配れる人間というのは、友だち力がある人です。

例えば、七、八人でディスカッションしていると、その中の二、三人はよく発言しますが、全く発言しない人もいます。全然しゃべらない人にはいろいろ理由があって、話のテンポについて行けないとか、遠慮しているとか。

でも、そういう人に上手に話題を振ること、いわば勢力的に弱い人に話題を振っていくこと、弱いところにちゃんとボールを回す人こそ、友だち力のある人です。

小中学校で言えば、バスケ部とかサッカー部などで、うまい子にはちゃんとボールが回ります。でもそうでもない子にはボールがなかなか行かない。

そういう時に、自分のところに来たボールをとりあえずその子に回しておいて、それをまた自分がとりに行くとか、そういうことができる子がいます。それはバスケやサッカーがうまいということではなくて、寂《さび》しい思いをしている子に配慮ができるということなのです。

また別な例で言うと、三人集まって話す時でも、その中の二人が二人にしかわからない共通の話題をずっとしてしまうことがあります。これは「いじめ」の一つのかたちにもなります。知らないことを説明してくれて、三人で一緒に話せるようにしてくれればいいのですが、あえてそういうことをしない。

こういうケースはよくありがちで、三十秒くらいなら耐えられますが、それが一分二分を超えたら本当に辛《つら》い。無神経ということでもあり、いじめでもあります。

これが、四人のうち三人がやっているならもっとひどいし、五人のうち四人がやっているならさらにひどい。転校生の状況というのは、そういう状況であったりします。

社会人になっても、仕事中、その人がわからない話題をずっとしているとか。それは排除していると同じことです。それで笑い合ったりして、一見自然な関係に見えるけれど、完璧な排除でしょう。それも、排除しているという意識もなくやる人がいるのです。

これは、人間関係のセンスの問題です。弱い者に対する感性は、日本では昔からかなり大事にしてきたはずでした。

もちろん日本の村社会でもいじめや差別はありますが、感情の世界においては、「判官贔屓《びいき》」のようなものや、誰かが悲しんでいる状態に対して同情するという、そういう気持ちが重視されてきました。

ところが、今はそういうものに対する感性自体が衰えてしまったのです。逆に弱い者に対して刃が向けられてしまっている。弱い者いじめは卑怯《ひきょう》という感覚がなくなっています。「正義」という言葉が死んでしまったのと同時に、「卑怯」という言葉も同時に死んでしまったのです。正義感という言葉も、今の子どもたちから聞かれることがなくなってきました。私が小学生の頃は正義感という言葉がとてもよく使われていました。正義感があるかないかとかが話題になっていました。

しかし、今の子どもには正義感という言葉があまりないのです。

◆友だち力は後天的につけられる力

今の子どもが、全然優しくないということではないのですが、友だち関係の中で誰が寂しい思いをしていたり、誰が辛い思いをしていたり、弱い状況にあるのかを感じ取るのが苦手《にがて》なのです。これはいわば「世間知」みたいなもので、こういう感覚を身につけるには練習が必要なのです。

例えば、商売をしている家庭に育っていると、何となく人への配慮が身につくのですが、サラリーマン家庭では、兄弟などがたくさんいないと、そういう感性の育ち方が少ないのでしょう。

ですから、その友だち関係を作っていく力というのは、気質の問題だけではなくて、むしろ後天的な環境の問題が大きい。逆に言えば、それは後天的に身に付けることができるということです。

外向的な性格だからとか、内向的な性格だからという性格の問題は、それほど関係がない。外向的なスタイル、内向的なスタイルというのはあるけれども、常にしゃべっているタイプの人もいれば、あまりしゃべらなくてもとけ込める人は上手にとけ込んでいるわけです。

◆「まなざしを向け」そして「質問する」

他の人への気遣いというものは、肉体的には「まなざしを向ける」かどうかということと、そしてその人に対してちゃんと「質問をする」ということ、大きく分けるとこの二つくらいがあると思います。

相手に関心を全く示さないというケース、排除しているケースというのは、質問もしないし、それがひどくなるとシカトになります。

相手に対して「昨日テレビ見た?」と聞くだけでも、もうこれは大丈夫だと。何気ない会話をするだけで感情世界が成り立っていくのです。

大人でも自分だけが違う世界にいると、大変ストレスがたまり、そこから逃げ出したくなる。そういう時、「昨日、何か面白いことあった?」と言ってくれる人がいると、その人が手がかりになって、他の人とも徐々につながっていくものです。

パーティーなどでも、よく自分だけが浮いているパーティーに出てしまうことがあります。結婚式などでも、自分だけが友だちがいないテーブルにすわった時、自分だけ浮いてしまって終わるのか、それとも、初対面の周りの人と盛り上がることができるのか、そういう時に友だち力の差が出ます。

結婚式の無作為に並んだテーブルで何ができるか、大人の友だち力が試されます。あそこで盛り上げられれば相当友だち力のある人だと思います。

◆「辛抱強さ」「粘り強さ」も友だち力の要素

友だち力の中に、気分のコントロールができるというのがあります。それは辛抱《しんぼう》強さや粘《ねば》り強さみたいなものにつながっていきます。人の話を聞く場合にもそういうものが出てしまいます。

辛抱できないというのは、メンタリティー、心のあり方の問題で、明るい子でも辛抱できない子もいます。明るく振る舞っていても、一つのことの反復に耐えられないとか、仕事が続かないでやめてしまったりする子は、働き口を失って、際限なく落ちていってしまいがちです。

続かないというイメージを周りが持ってしまうので、その人を知り合いに紹介するのもためらわれることになります。自分が紹介してもやめてしまうのではないかと思うと紹介できません。就職してもやめそうだなと思う子は、案《あん》の定《じょう》やめてしまいます。ちょっと友だち力に問題がありそうな子でも、学生時代は周りがフォローするからいいのだけれど、社会人になると、なかなかそうはいきません。

周りの人に対して「辛抱する力」が欠けていて、切れてしまうケースがよくあります。例えば、人が多少つまらない話をしていても、にこにこ笑いながら聞いていることができるのが、友だち力のもう一つの要素の「粘り強さ」です。

逆に、粘り強さ、辛抱強さのない「自己チュー」の人は、やはり嫌われます。みんな多かれ少なかれ、他の人に耐えながら暮らしていますから。

「読書」というのも、結構忍耐力がいるものです。少年院や児童自立支援施設などに入っている子には、活字を読んでいられない子が多いそうです。字が読めないということではなくて、読むという精神集中の持続に耐えられないのです。

本を読むというのは、人の話を積極的に聞くという行為だからです。積極的に聞きに行かないと、向こうからは入ってこないのです。ですから、読むことには苦労がいります。しかも、自分から話すのではなく、ひたすら聞いて吸収するだけなのです。

その聞く構えというのが、読書では鍛えられるわけです。読書が嫌いという人は、向学心がないだけじゃなくて、聞く構えに入れないということもあります。

人の話を聞く構えができている人というのは、柔軟《じゅうなん》な「友だち力」を持っていると言えるでしょう。

あとがき

私は今、フジテレビで「ガチャガチャポン！」という番組を監修し、出演していますが、その対象年齢の中心は十三歳、中学二年生です。

本文中でも述べたように中学二年生というのは、一番難しい年齢です。なぜかというと、中学一年生は小学生のかわいらしさを残しているし、中学三年生は、最後の学年でもあり、受験もあってそれなりにひきしまっています。ところが中学二年生というのは、子どもでもないが大人になりきれない独特な空気があるのです。

その十三歳の子どもたちに、「勉強というのは面白いんだよ」、「友だちとはこうつきあえ」、「先生とはこうつきあうんだよ」、そういうメッセージをポップな感じで楽しく伝える番組を作りました。思いのほか評判がよくて、その時間にテレビをつけている中学生は百パーセントそれを見ているという、瞬間視聴率が百パ！セントを記録した番組だそうです。

私が中学生に三十秒間で直接メッセージを送るコーナーもある番組なのですが、そのような番組はこれまでなかったそうで、いかに世の中は中学生を見捨てていたかということがわかります。

中学生というのは、不安定な時期でありながら、心も身体も一番伸びていく時期なので、実は大人からのメッセージがすごく必要な年齢なのです。ですから、中学生を中心とした小学四、五、六年生から十代の終わりくらいまでの子どもたちに対して、私たち大人はもっといろいろな機会にメッセージを送ってよいのではないかと強く思っています。

本書を書く前に、東京都千代田区立一橋中学校で授業をさせてもらい、中学生というのは、ちゃんと届ければ深く受け止めてくれるのだという印象を持ちました。

一橋中学校では、校長先生をはじめみなさんが快く受け入れてくれて、中学二年生の一学年全員一三九名が体育館に集まって、授業が実現しました。

「偏愛マップ」の授業では、大胆《だいたん》に他のクラスの子と一緒にやるような組み替えをしたのですが、子どもたちは照れくささを乗り越えて真剣に取り組んでくれました。

私たちも中学生に対して、彼らが一番悩んでいる友だち関係について、もっと積極的な関わりをしていいのだという、一種の気持ちの後押しをいただいたように思いました。

今回、いじめ問題や友だち問題という難しい問題を含んでいるにもかかわらず、教職員の方々に快くバックアップしていただきました。また公立中学の難しさもあったと思うのですが、そういう受け入れの自由な気風そのものが、学校のいい雰囲気を作り出しているのだと思いました。校長先生をはじめ先生方の尽力《じんりょく》に感謝しております。

「友だち力」というのは、四十代になっても、七十代八十代になっても、人生の中で決定的に重要になってくる力だと思います。

親になってからも母親同士の妙ないじめや覇権《はけん》争いがあったり、高齢者の集まりでもいろいろな人間関係があるわけです。

そうした時に、ほどほどの距離をうまくコントロールできる「友だち力」を持っていたり、「友だちがいないと不安」になってしまわないメンタリティーを持っていることが重要で、人生の最終局面にまで持ち込まれる課題だと思います。

私は以前、「市民大学」で高齢者対象のゼミで教えていたのですが、高齢者であっても友だち関係をうまく作らないと、プライドがかち合って互いに反目《はんもく》し合うこともあります。

そのゼミでも「偏愛マップ」を徹底的にやったり、同じテキストを読んで話し合ったり、それを続けた結果お互いの絆ができて、ゼミが終わったあと何年も同窓会のようにつきあいが続いている会もあります。

ですから、自分が友だち力をつけるだけでなくて、相互の関係がよくなるような交流の場を作ることも大事です。例えば「偏愛マップコミュニケーション」など、お互いの理解につながるゲームなどを企画してやってみるのもいいでしょう。

そういう人が一人でもいると、周りの十人、二十人の関係がよくなるのです。友だち力をさらにグレードアップして、周りの関係をよくするコーディネイト力、マネージメント力を、大人の力として身につけて欲しいと思います。

＊第４章の授業は東京都千代田区立一橋中学校（現・神田一橋中学校）において、二〇〇四年十月二十九日および十一月十二日の五、六時限目に、中学二年生一三一名を対象に著者による特別授業として行われた。

＊編集協力　鈴木悦子

友《とも》だちいないと不《ふ》安《あん》だ症候群《しょうこうぐん》につける薬《くすり》

二〇〇五年　八　月三〇日　第一刷発行
二〇〇五年一〇月一〇日　第二刷発行

著　者　齋藤《さいとう》　孝《たかし》

発行者　花井正和
発行所　朝日新聞社
編集・文芸編集部　販売・出版販売部
〒一〇四-八〇一一　東京都中央区築地五-三-二
☎〇三-三五四五-〇一三一（代表）
振替　〇〇一九〇-〇-一五五四一四
印刷所　図書印刷

ISBN4-02-250047-6
定価はカバーに表示してあります